신 화 와 역 사 속 의 풀 리 지 않 는

성경의 미스터리

BIBLICAL ENIGMAS

글쓴이 **제임스 윤 · 크리스 윤**
옮긴이 **임여령**

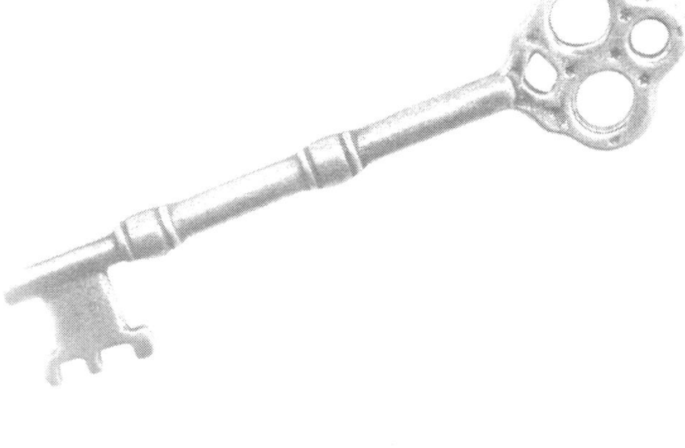

지식과감성#

성경의 미스터리

초판 1쇄 발행 2022년 12월 23일

글쓴이 제임스 윤, 크리스 윤
옮긴이 임여령
펴낸이 장길수
펴낸곳 지식과감성#
출판등록 제2012-000081호

교정 김서아
디자인 김찬휘
편집 김찬휘
검수 한장희, 이현
마케팅 정연우

주소 서울시 금천구 벚꽃로298 대륭포스트타워6차 1212호
전화 070-4651-3730~4
팩스 070-4325-7006
이메일 ksbookup@naver.com
홈페이지 www.knsbookup.com

ISBN 979-11-392-0851-1(03230)
값 11,500원

지식과감성#
홈페이지 바로가기

성경의 미스터리

일러두기

* 이 책에 인용된 성경 구절은 대부분 '개역개정'을 따랐으며, 적합한 해석에 따라 부분적으로 '킹 제임스 흠정역'과 '개역한글'이 인용되었다.

목차

Preface

여러분은 자신이 왜 여기에 있는지, 여러분의 삶의 목적과 의미, 존재 이유에 대해 고민하신 경험이 있습니까? 여러분은 하나님이 어떤 분이시며, 그분이 여러분의 삶에서 무엇을 하실 계획인지에 대해 끊임없는 의문과 의심이 솟아날 수밖에 없는 절박한 상황을 겪어 보셨습니까?

아마도 여러분 대다수는 이런 본질적이고도 근본적인 질문에 대해 적어도 이해할 만한 답을 얻고자 이런저런 다양한 시도를 해 왔을 수도 있습니다. 어떤 분들은 성경에서 보여 주는 평화와 번영에 대해 거짓 약속이라고 환멸을 느꼈을지도 모르고, 너무 좌절한 나머지 교회를 떠났을지도 모릅니다. 그럼에도 불구하고 여러분은 여전히 하나님이 진정 누구이며, 그분의 계획에서 여러분이 어떤 역할을 하는지에 관한 풀리지 않는 의문, 그 진실을 포기하고 접어 둘 수는 없다는 것을 깨닫게 되었을지도 모릅니다.

온전한 평안을 누리지 못해 굶주린 듯이 진리를 찾아 헤매고 있는 우리에게 하나님을 믿고 그분의 계획 속에 우리가 있다는 것을 믿는 것은 결코 단순한 문제가 아닙니다. 그것은 바로 영원한 구원이 걸려 있는 문제이기 때문입니다.

저희 필자들은 십여 년간 각각 아프리카 선교사로서, 또 미국과 한국의 교수로서 기독교 신앙의 가장 중요한 핵심인 '복음 전파'가 21세기의 급속한 변화에 발 빠르게 적응하지 못하고 있다는 것을 피부로 느끼고 안타까운 생각을 갖게 되었습니다. 세계화가 가속화되면서 다른 종교와의 비교를 넘어, 어떤 때는 과하게 기독교적 개념을 다른 종교와 섞는 경우도 볼 수 있고, 또 과학적이고 논리적 해석이라는 핑계로 성경 고유의 해석을 희석하거나 오류를 범하는 경우도 심심찮게 보입니다. 그래서 기독교의 근본으로 돌아가는 복음의 역사가 다시 부흥되는 것이 시급하다는 생각으로 이 책을 집필하게 되었습니다. 처음 미국에서 영문으로 출판할 때, 구원자이신 예수 그리스도의 진리의 메시지를 기억하고, 사라져가는 복음을 구해내고자 하는 의미로 이 책의 제목을 《Saving Jesus Christ(예수님구하기)》로 정했습니다.[1)]

여러분이 이 책을 읽으면서 처음 기독교 신앙의 길에 접어드는 모든 사람이 가질 수밖에 없는 몇 가지 질문—하나님의 존재에 대한 의문이나 기독교 특유의 원죄설 등—을 생각해 보면서 누구에게나 그 해답을 찾는 과정이 필요하다는 것을 인식하기 바랍니다. 이 책은 대다수 기독교 서적에서 볼 수 있는 믿음과 신앙, 또는 기도 응답에 관한 내용 외에 신화나 생소한 문헌도 다루기 때문에 전통 기독교 신학적 관점에서 논쟁이 될 만한 부분이 다소 포함되어 있습니다.

가령, 이 책의 4장을 보면 귀신의 존재 유무와 그들의 영향에 대해 언급된 내용이 있는데, 이는 저희가 20여 년간 구원사역과 축사사역을 하면서 가톨릭에서 말하는 부마, 구마 사역이 결코 현실과 동떨어지는 현상이 아니라는 것을 보여 주고 있습니다. 귀신이나 악령 등에 대한 내용은 고대부터 모든 민족의 신앙과 문화 속에 깊이 자리 잡고 있습니다. 이러한 것을 단순히 미신이나 토착신앙으로 보지 않고 기독교적

---

1) 저자와 상의 후, 한국판 제목은 《성경의 미스터리》로 정하게 되었다. (역주)

관점에서 성경적으로 해석하고 활용하고자 하는 노력이 무시되어서는 안 된다고 생각합니다. 성경에는 분명히 귀신이나 천사, 그리고 사탄이라는 존재에 대해 언급하고 있기 때문입니다.

이 책의 1부에서는 하나님께서 아담과 하와로 인해 온 세상이 죄로 더럽혀질 가능성이 있음에도 선악과를 에덴동산에 두셨던 이유에 대해 설명하겠습니다. 그분이 왜 그렇게 했을까요? 여러분이 가진 하나님의 본질과 삶의 목적에 대한 지식이 불분명하다면 여러분은 그분을 매우 잔인한 존재라고 생각할 것입니다. 아마도 여러분은 이 중요한 사건을 잘못 이해하여 믿음을 잃었을 수도 있습니다. 그러나 오히려 이 사건은 하나님이 누구인지에 대한 올바른 견해를 갖도록 여러분의 믿음을 강화하고, 하나님께서 행하실 인류 전체의 구원 계획과 영원한 행복에 관련하여 여러분의 역할과 위치를 판별하는 데 도움이 될 것입니다. 우리가 선한 믿음의 사람들이 하나님을 이해하기 위해 고군분투하는 모습을 성경의 많은 일화에서 볼 수 있듯이 말입니다. 이 책에서는 성경 인물과 사건들, 대홍수의 이야기나 지구를 거닐었던 거인, 심지어 외계인에 대해서도 생각해 볼 것이며 아틀란티스와 피라미드의 신화를 어떻게 설명할지, 또 그것들이 여러분의 신앙에 어떤 영향을 끼치는지에 대해서도 다룰 것입니다.

신앙에 관련된 주제는 언제나 대화할 가치가 있으며 심지어 논쟁과 토론도 필요합니다. 그리고 이러한 사건들 중 많은 부분이 교회나 라디오에서 듣게 되는 전통적인 복음 메시지의 일부가 아닐 지도 모릅니다. 그렇더라도 여러분이 그것들을 오해한다면 하나님의 계획이 아닌 사탄의 계획에 속을 수 있기 때문에 이 책을 통해 이러한 부분을 다룰 생각입니다. 사탄이 어떻게 하나님의 계획을 파괴하고, 여러분을 파괴하기 위해 무엇을 하는지 알아보는 것은 매우 중요합니다. 그러면 적을 파악하여 물리치고 천국에서 상을 받기 위한 준비를 더 잘 할 수 있을 것입니다.

2부에서는 구원에 이르는 예수 그리스도의 본질적인 복음 메시지를 명확하게 설명하겠습니다. 단지 저희들의 생각에 그치지 않고, 여러분이 주 예수 그리스도를 믿는 신앙만이 영생과 행복에 이르는 유일한 길임을 확신할 수 있도록 충분한 성서적 지원을 드리기 위해 노력하겠습니다.

아마도 여러분은 이미 복음을 수없이 들었던 경험이 있고, 이미 오래전부터 예수 그리스도를 여러분의 구주로 믿고 있을 수도 있지만, 진정으로 행복하다고 느끼는지에 대해선 스스로도 의문이 들 것입니다. 사실, 예수님을 믿는 사람들조차 자신이 존재하는 이유에 대해 혼란스러워하는 안타까운 현실을 부정할 수 없을 것입니다. 왜 그럴까요? 그것은 예수님을 믿으면서도 여러분을 창조하신 이유를 깨닫지 못하고 있기 때문입니다. 그리고 사탄이 예수님과 여러분을 대적하여 천국의 비밀에 대한 믿음을 약하게 하기 때문입니다. 약한 믿음은 모든 피조물에 대한 하나님의 장엄한 사랑을 모르는 그릇된 견해에서 비롯됩니다. 하지만 이러한 오해를 극복하게 되면, 하나님이 당신의 창조주이자 주님이시며, 동시에 가장 중요한 사랑이시라는 것을 확신할 수 있습니다.

너의 하나님 여호와가 너의 가운데에 계시니
그는 구원을 베푸실 전능자이시라. 그가 너로 말미암아
기쁨을 이기지 못하시며 너를 잠잠히 사랑하시며
너로 말미암아 즐거이 부르며 기뻐하시리라 하리라.

스바냐 3:17

이렇게 하나님께서는 우리로 인해 기뻐하시고, 우리로 인해 즐거워 하신다고 성경은 말하고 있습니다. 사랑이 가득한 위대하신 하나님이 존재하심을 진정으로 믿고, 그분의 계획을 이해할 때 천국은 현실이 됩니다. 천국의 실재를 제대로 이해하고 삶에 적용하면 바로 이 땅에서 새로운 기쁨의 세계에 들어가게 됩니다. 모든 사람이 하나님을 체험함으로 삶의 공허함을 채우시길 바랍니다. 모든 사람이 자신이 어떻게 살아야 하는지, 죽으면 어떻게 되는지, 인생에서 무엇을 하고 싶은지, 그리고 진정한 행복이 무엇인지 등을 하나님의 충만한 성령 안에서 이해하게 되길 바랍니다. 이 진정한 행복은 바로 복음이 주는 능력에 의해 가능합니다. 그리고 그 능력은 우리 모두에게 있습니다.

복음이란 무엇일까요?

복음은 잃어버린 영혼의 회복입니다. 그런 의미에서 복음은 우리 각자의 생각과 마음과 영에 성공을 가져다주는 놀라운 보물입니다. 저희에게 있어서 복음은 저희를 살도록 하신 하나님의 뜻대로 참된 삶을 회복하는 데 도움이 되었습니다. 이것은 석가모니와 무함마드 같은 성인이라고 추앙받는 인물들도 살아 있을 때 증언할 수 없었던 것입니다. 저희는 인생이 무엇인지 좀 더 이해하게 되었고, 이제 “더 나은 삶”이 아닌 “최고의 삶”을 추구하고 있습니다. 모두가 저희처럼 선교사나 목사가 되어야 한다는 뜻은 아닙니다. 다만 하나님을 믿는 기독교인조차도 자신이 하나님의 목적에 합당한 삶을 살고 있지 않을 수도 있다는 의문을 가져야 한다는 뜻입니다. 우리 대다수는 하나님께서 우리를 향한 목적이 무엇인지 잘 모르기 때문에 온전한 삶을 살지 못하고 있습니다. 그러나 예수님은 자신의 목적을 분명히 아셨고 사역 초기에 바로 그것을 선포하셨습니다. 그가 성경을 펴서 읽은 이사야 61장 1~2절의 말씀을 살펴보겠습니다.

> 주 여호와의 영이 내게 내리셨으니
> 이는 여호와께서 내게 기름을 부으사
> 가난한 자에게 아름다운 소식을 전하게 하려 하심이라.
> 나를 보내사 마음이 상한 자를 고치며
> 포로된 자에게 자유를, 갇힌 자에게 놓임을 선포하며
> 여호와의 은혜의 해와 우리 하나님의 보복의 날을
> 선포하여 모든 슬픈 자를 위로하되
>
> 이사야 61:1~2

예수님께서 말씀하신 이 아름다운 소식을 받아들이는 순간, 여러분은 삶의 목적을 보기 시작할 수 있습니다. 그리고 그 길이 무엇이든지 간에 복음의 실체를 진정으로 이해하고 적용하면 놀라운 은혜와 응답을 받을 수 있을 것입니다. 성경의 약속대로 상한 마음이 고쳐지고, 자유를 누릴 것이며 위로를 받고 슬픔이 없는 진정한 행복을.

제임스 윤 & 크리스 윤

Part 1
하나님, 사탄, 인간

Chapter 1

어떤 하나님이 진짜 하나님인가?

복음의 메시지를 다루기 전에 먼저 성경에 묘사된 하나님의 존재에 대해 논의하겠습니다. 그분에 대한 기본적 이해 없이는 복음을 이해하는 데 한 걸음도 내디딜 수 없기 때문입니다.

하나님을 믿는 것은 이상한 일이 아닙니다. 신이 존재한다는 믿음은 인류 역사와 함께 흐르며 지금까지 여러 다양한 형태로 드러나고 있습니다. 그중 많은 사람은 여러 신이 존재한다고 믿습니다. 물론 무신론자도 항상 존재해 왔습니다. 저희 필자 또한 삼십여 년 동안 무신론자였습니다. 그래서 우주를 창조한 한 분, 하나님의 존재를 믿는 신앙적 주장을 거부하는 사람들에게도 충분히 공감할 수 있습니다. 또한 말할 것도 없이, 하나님에게 예수라는 이름의 독생자가 있다는 사실이 믿기 어렵다는 것도 잘 알고 있습니다.

그렇다면, 이제 어떤 나라의 대통령에 대해 이야기하는 것처럼 신이 한 분인지 묻는 것으로 시작합시다. 여러분은 그 대통령이 진짜로 존재한다고 믿습니까?

터무니없는 질문이라고 생각할 수 있습니다. 물론, "우리 대통령은 진짜입니다. 텔레비전, 페이스북, 유튜브에서 그를 봤어요"라고 말할 수도 있습니다. 좋습니다. 여러분 중 대다수는 그를 개인적으로 만난

적이 없을 것입니다. 그렇다면 비밀스러운 언론이나 엘리트들이 협력하여 의도적으로 가짜 뉴스를 전달한다면 어떻게 될까요? 만약 그들이 있지도 않는 가짜 대통령을 내세운다면 여러분의 대통령은 진짜입니까?

이 동일한 질문을 고대 시대에 적용해 보겠습니다. 그 당시 사람들은 고위 관리들이 왕에 대해 말하는 것을 믿었기 때문에 단순히 왕이 있다고 믿었을 겁니다. 그들이 속았을 수도 있을까요? 맞습니다. 충분히 속을 수 있습니다. 오늘날 우리는 역사책이 그들에 대해 알려 주기 때문에 왕들이 존재했다고 믿습니다. 그러나 역사가들이 의도적으로 거짓말을 했다면 어떻게 될까요? 아마 우리는 존재하지 않은 그 왕을 믿을 것입니다. 우리가 역사적 기록을 신뢰하는 경향이 있기 때문입니다.

이제 만왕의 왕이신 우리 주님을 생각해 봅시다. 어떤 사람들은 "당신의 하느님이 계시다면 나에게 보여 주세요"라고 말합니다. 다시 말해서 그들은 하나님을 보아야만 믿는다는 얘기입니다. 그러나 이것은 그들이 역사적 인물을 믿는 방식과는 다릅니다. 즉, 그들은 하나님의 존재에 대한 증거로서 하나님에 대한 주된 역사적 설명이 담긴 성경을 취하지 않습니다. 그들은 그분을 믿는 것과 관련하여 훨씬 더 높은 기준의 증거를 요구합니다. 그들은 단순히 그분에 대해 읽는 것에 만족하지 않고 그분을 직접 눈으로 보고 싶어 합니다. 다른 역사적 인물은 보지 않아도 쉽게 믿으면서 하나님의 존재에 관해선 눈으로 보는 것만이 합당한 증거가 된다고 여기고 있습니다.

왜 하나님은 자신을 드러내지 않는가?

어떤 사람들은 "만약 하나님이 나에게 자신을 계시해 주시면 모든 논쟁이 끝날 것입니다."라고 말합니다. 그러나 물론 그것으로 끝은 아닐 것입니다. 사람들은 자신들이 원하는 방식으로 하나님이 나타나기를 원합니다. 예를 들어, 사람들은 천둥과 번개를 동반한 빽빽한 구름 속에서 하나님의 광채가 하늘에서 내려오기를 원할 수 있습니다. 그러나 하나님은 모든 사람이 볼 수 있도록 이 땅에 오셨습니다. 성경에는 하나님이 동정녀 마리아를 통하여 나신 예수 그리스도의 몸으로 이 땅에 오셨다고 기록되어 있습니다. 이것은 그분이 자신을 나타내시기 위해 이미 선택하신 방법 중 하나입니다.

이제 상상해 봅시다. 여러분이 내일 아침 일어나서 보니 천둥과 번개가 치고 수평선 위의 구름 위에 서 계신 하나님이 폭풍을 잠잠하게 하시고, 그의 영광으로 태양을 압도하신다고 상상해 봅시다. 확실히 어떤 사람들은 처음에는 그가 존재한다고 믿을 것입니다. 그러나 시간이 지나면 그들은 권능과 장엄함을 나타내신 그분을 잊고 우리 주님께 다시 자신을 나타내시도록 간구할 것입니다. 이와 비슷한 시나리오는 성경 전체에서 여러 번 볼 수 있습니다. 가령, 하나님께서 홍해를 가르신 지 겨우 하루 만에 이스라엘 사람들은 하나님이 정말로 그들과 함께 하시는지, 또 그들을 인도하시고 보호해 주시는지 의심하였고, 다시 노예로 돌아가길 원했습니다.

우리가 우리 자신을 표현하는 방식에 자유가 있듯이, 당연히 하나님도 스스로 나타내시는 방식이 있습니다. 즉, 우리가 바라는 방법으로 계시하시는 것이 아니라 우주의 주권자이시며 전능하신 왕으로서 그분 스스로 선택하신 방식으로 자신을 나타내신다는 사실입니다. 그리고 그분이 선택한 모습, 계시의 사례가 창세기부터 요한계시록까지 성경 전체에 기록되어 있습니다.

하나님은 이러한 역사적 기록과 믿음의 눈을 통해 오늘날 우리 중 많은 사람에게 존재하고 계십니다. 참된 믿음은 보이지 않는 것이라도 사실로 믿는 것입니다(히 11:1). 믿음은 그분의 존재를 기록하고 있는 성경의 거룩한 말씀을 신뢰하는 것에서 시작됩니다. 물론 다른 종교 체계에도 고유의 신성한 경서가 있습니다. 하지만 우리가 힌두교나 이슬람교, 이집트 신화의 신이 아닌 성경의 신을 믿기로 선택하는 이유는 무엇이겠습니까?

당신이 기독교인이라면 "하나님은 오직 한 분이시므로 이 다른 신들은 실재할 수 없다"고 말할 것입니다. 그러나 이 답의 진실에 도달하려면 다른 종교 체계의 다른 신들이 실제로 존재한다는 사실을 인정해야 할지도 모릅니다.

성경은 다른 신의 존재를 부정하지 않는다

전 세계 70억 인구 중 약 40억 명이 하나님을 믿거나 또는 다른 신의 존재를 믿습니다. 많은 사람이 신을 믿는 이유는 무엇일까요? 그것은 우리가 죽을 수밖에 없는 연약한 존재이기 때문입니다. 우리가 육체적, 사회적, 경제적 한계를 깨달을 때, 우리가 가난하고 아프고 외로울 때, 가족이 뿔뿔이 흩어지거나 사업이 망할 때, 우리는 초월적인 존재를 찾는 경향이 있습니다. 물론 그 "초월적 존재"는 하나님 또는 신(들)입니다. 그러나 우리가 믿는다고 해서 그런 신들이 진짜 존재한다는 의미일까요?

이집트 신화에서도 알 수 있듯이, 다신교를 살펴보면 셀 수 없이 많은 신과 여신이 숭배되었고 실제로 그들이 존재했을지도 모릅니다. 하나님이 모세에게 말씀하신 내용을 보십시오. "내가 그 밤에 애굽 땅에 두루 다니며 사람과 짐승을 막론하고 애굽 땅에 있는 모든 처음 난 것을 다 치고 **애굽의 모든 신**을 내가 심판하리라. 나는 여호와라(출 12:12)."

사실을 직시해 봅시다. 한 분이신 하나님(성경의 하나님)을 믿는 것은 하나님이 아브라함에게 처음 나타나셨을 때 보여 주신 근본적인 개념이었습니다. 그래서 모세에게 "너는 나 외에 다른 신을 네게 두지 말라(출 20:3)"라는 제1 계명을 선포하셨습니다.

셀 수 없이 많은 신이 존재하는 이러한 세계와 대조적으로, 오늘날 유일신론은 오직 한 신만이 존재한다는 것을 의미하게 되었습니다. 왜 그럴까요? 아마도 성경에서 가장 많이 인용된 신명기 6장 4절과 같은 구절 때문일 것입니다.

이스라엘아 들으라 우리 하나님 여호와는
오직 **유일한 여호와**이시니

신명기 6:4

그러나 아브라함과 모세의 하나님이 한 분이시라는 사실이 다른 신들의 존재를 부정하는 것은 아닙니다. 다신교는 실재합니다. 그렇다면 우리가 물어야 할 질문은 이것입니다. "다신교 안에 있는 신들은 아브라함, 이삭, 야곱에게 자신을 계시하신 하나님과 동일한가?"

예를 들어, 이집트 신화 같은 다신교 체계의 주장에 따르면 그들의 신앙에는 서로의 영토, 심지어 전 세계를 지배하기 위해 일정 수준에서 서로 경쟁하는 신들로 가득 차 있습니다. 그들이 정말로 그렇게 할 수 있는 능력이 있다면 엄청난 혼란을 가져올 것입니다. 그 각각의 신

(들)이 우주의 일부를 통제하고 있다면 우주의 질서가 진정으로 제대로 기능할 수 있을까요? 문학 작품에서 보이는 것처럼 어떤 신이 자신의 경계를 벗어나 전 세계의 최후의 승자가 되려고 하면 어떻게 될까요?

그러나 성경에 기록된 하나님 여호와는 천지 창조와 초자연적 위업을 행하는 능력에 있어서 가장 강력하며 다른 어느 신의 추종도 불허합니다. 동시에 우주의 질서를 유지하는 능력이 있습니다. 오류의 티끌만큼도 없는 이오타(iota)이며, 자신의 영을 피조물에 불어넣을 수 있는 영적인 존재로서 그는 모든 인류의 영혼에 대해 주권을 행사합니다.

성경이 말하는 하나님처럼 전지하고(all-knowing) 전능한(all-powerful) 신은 세상의 어떤 신화나 종교를 살펴봐도 결코 찾을 수 없습니다. 이 전능한 신을 믿으면서도 다신교의 작은 신들도 존재한다는 것을 인정하는 것이 유일신교의 진정한 의미입니다.

이제 조금 더 깊이 들어가 보겠습니다. 전능하신 하나님은 왜 저와 여러분을 만드셨을까요?

성경의 하나님은 왜 인간을 창조하셨는가?

북한에서는 김정은 위원장을 신처럼 숭배하고 있습니다. 그는 인간 우상 숭배의 살아 있는 아이콘입니다. 그러나 만약 그를 숭배하는 사람들이 없으면 그는 신과 같은 지위를 가질 수 없습니다. 숭배와는 다른 개념이지만 미국 초대 대통령 조지 워싱턴은 높은 존경과 경외를 받고 있습니다. 김정은에 대한 숭배와 조지 워싱턴에 대한 존경은 서로 다른 개념이지만 리더로서 어떤 영향을 끼치고 있는지 보여 주고 있습니다. 누구에 의해 그런 숭배와 존경을 받고 있을까요? 북한과 미국에 시민이 없다면 김정은과 조지 워싱턴은 리더로서 존재 가치가 거의 없을 것입니다. 마찬가지로 하나님의 영광을 기리는 어떤 주체가 없다면 그분의 장엄한 존재 상태도 그 의미가 제한적일 것입니다. 물론 우리가 그분을 믿지 않더라도, 하나님이 창조주라는 사실은 변함이 없습니다. 게다가 믿지 않는 사람들조차도 어떤 심각한 상황에 직면했을 때, 보편적으로 하나님께 기도하는 것을 보면 인간에 내재되어 있는 하나님의 영향을 발견할 수 있습니다.

하나님의 관점에서 본다면, 하나님이 존재한다는 사실은 사람이 존재할 때 그 중요성과 의미가 더해지는 것입니다. 본질적으로 하나님은 자신을 전능하신 하나님으로 나타내시고 그분의 고유한 가치를 드러내심으로써 우리를 창조하셨습니다. 이러한 관점과 달리 안타깝게도, 대부분의 철학자와 다른 종교 전문가의 관점에서 볼 때 우리는 별 목적 없이 존재하는 것 같기도 합니다.

고등 교육을 받은 사람들이 시대를 초월하여 삶의 의미를 찾으며 내린 공통된 결론은 사람 스스로는 의미 있는 답을 찾을 수 없다는 것입니다. 그러나 성경에서는 그 대답을 찾을 수 있습니다. 창세기의 맨 처음 장을 살펴보겠습니다.

> 하나님이 자기 형상 곧 하나님의 형상대로
> 사람을 창조하시되 남자와 여자를 창조하시고
>
> 창세기 1:27

우리가 하나님의 형상대로 만들어졌다고 상상해 보십시오. 여기서 "이미지(하나님의 형상)"는 단순히 우리의 외모가 아니라 하나님을 닮은 느낌과 지식, 그리고 의지와 영원성을 나타냅니다. 우리는 하나님의 놀라운 내적 가치와 성품을 나타내도록 창조되었습니다. 그러나 우리가 그러한 속성을 인식하여 우리 삶에 적용하지 않는다면, 우리가 존재하는 이유에 대한 좋은 답은 없습니다. 프랑스 철학자 르네 데카르트(1596~1650)의 "나는 생각한다. 고로 존재한다(cogito ergo sum 코기토 에르고 숨)"라는 표현처럼 우리가 존재하는 이유에 대해 생각하는 것 외에는 말입니다.

데카르트로부터 200년 후, 찰스 다윈(Charles Darwin)은 철학자와 과학자들이 붙잡고 있었던 일종의 종교화 되었던 문제, 즉 우리 존재의 이유와 기원의 해답을 제시한 듯했습니다. 그에 따르면 인류는 공통 조상에서 시간이 지남에 따라 진화했으며 우리의 유일한 목적은 '우리 자신의 생존을 영속시키기 위함이다'라고 주장한 것입니다. 그것이 바로 진화론입니다. 그러나 여러분은 진화론이 과연 타당하다고 생각하십니까?

Chapter 2

사람과 동물의 진화

1859년 찰스 다윈의 《종의 기원》이 출판된 후, 신이 인간을 창조하지 않았다는 주장이 전 세계적으로 퍼졌습니다. 그의 진화론은 인류가 공통의 동물 조상으로부터 자연 선택의 과정을 거쳐 내려왔다는 생각에서 시작되었습니다. 슬프게도, 이 이론은 많은 교회 교리가 생명과 하나님에 대한 이해에서 성경 중심이 아닌 자유주의적이고 인본주의적인(인간 중심적) 교리가 되도록 이끌었습니다. 그렇다면 실제로 인간의 생명은 어떻게 시작되었을까요?

오늘날 진화론자들이 말하는 기본 이론에 따르면, 생명이 시작되기 전에 플라빈, 아미노산, 수소, 질소 및 기타 자연 요소에서 시작했다고 합니다. 번개와 자연의 큰 변화는 이러한 자연적 요소들 사이에 엄청난 전력(electric surges)을 일으켜 생명체가 탄생하게 되었고, 무작위 돌연변이와 자연 선택의 연속적인 과정을 통해 이 생명체는 물고기나 동물, 그리고 마침내 인간으로 변했다고 주장합니다.

인간이 돼지와 쥐와 동일한 DNA를 갖고 있는 이유는?

진화론자들은 침팬지가 인간과 99% 유사한 DNA 구성을 가진 가장 가까운 조상이 말합니다. 따라서 그들은 실제로 침팬지와 인간이 공통 조상을 가진 종의 후손이라고 믿습니다. 비교 대상에 따라 수치가 다르지만 인간의 DNA 구성은 종종 침팬지와는 거의 99%, 개와 84%, 생쥐와 90%, 그리고 돼지와도 상당히 유사하다고 보고됩니다. 그렇다면 유사한 DNA를 가졌다고 하여 돼지가 생쥐에서 진화했다는 뜻일까요? 아니면 개가 돼지에서 진화했다는 뜻이거나, 침팬지가 개에서 진화하고, 또는 사람이 침팬지에서 진화했다는 뜻일까요?

이 부분을 좀 더 살펴보겠습니다.

DNA: 생명의 메커니즘

동물은 생존에 필요한 뼈와 내장, 혈관, 근육, 힘줄, 피부를 가지고 있습니다. 또 동물은 어떻게 행동할지 결정하는 본능을 가지고 있고, 그중 많은 종은 어느 정도 생각도 할 수 있으며, 무엇인가를 하거나 하지 않을 의지도 가지고 있습니다. 대부분의 동물은 눈과 귀, 코, 입술, 입 등 주변 환경과 상호 작용하는 데 도움이 되는 오감을 가지고 있습니다. 즉, 동물에게는 육신과 정신이 있다는 뜻이며, 같은 지구상에서 생명을 유지하는 인간과 유사한 메커니즘을 가지고 있음을 의미합니다. 이것은 인간과 동물, 특히 유인원과 개와 같은 포유류가 DNA 구성에서 거의 변화가 없는 이유를 자연스럽게 설명합니다. 또한 DNA에서 불일치하는 요소가 외모와 정신력이나 본능이 결정되는 부분이기도 합니다.

논리적으로 말해서, 한 창조주가 각 종류의 동물(family/과)을 창조하였고, 각 동물이 유사한 생존 메커니즘으로 창조되었다고 이해하는 것이

다소 쉬울 것입니다. 사실, 우리는 태초부터 하나님께서 자신의 모든 피조물을 종류에 따라 별도의 종으로 그룹화하셨다는 것을 알 수 있습니다.

> 하나님이 그 뜻대로 그에게 형체를 주시되
> **각 종자에게 그 형체를 주시느니라**. 육체는 다 같은
> 육체가 아니니 하나는 사람의 육체요. 하나는 짐승의
> 육체요. 하나는 새의 육체요. 하나는 물고기의 육체라.
>
> 고린도전서 15:38~39

모든 생물이 거의 동일한 메커니즘을 가지고 있다는 이유로 모두 단일 생명체에서 진화했다는 진화론자들의 주장이 그럴듯하게 들릴 수 있습니다. 그러나 모든 동물이 단일 생명체에서 진화했다면 침팬지와 인간 사이의 종이 있어야 하지 않을까요? 게다가 오늘날의 동물들은 왜 더 이상 진화하지 않고 있는 것입니까? 동물들이 최종 형태에 도달한 것이기 때문일까요? 아니면 지금도 생명체가 궁극의 "완벽한" 상태를 향해 하나의 생명체로 아주 천천히 진화하고 있는 중일까요? 수십억 또는 수조 년이 지나면 모든 새와 동물, 물고기와 인간이 사라지는 걸까요? 그들이 하나의 단일 생명체로 진화했을 것이기 때문에 말입니다. 이러한 가설들이 과연 합리적으로 들리나요?

사실, 과학자들도 진화론적 주장이 전혀 합리적이지 않다는 것을 공개적으로 인정하고 있습니다. 케임브리지 대학 출신의 과학 철학자인 마이어 박사(Dr. Meyer)는 자신의 뉴욕 타임스 베스트셀러 《다윈의 의심(Darwin's Doubt)》에서 진화론이—사실이라는 대중적 견해에도 불구하고—완전히 무너졌다고 단언합니다.

오늘날 생물학에 관련된 기술적 문헌은 신다윈주의 이론의 다양한 측면, 특히 그 중심 교리인 자연 선택과 돌연변이 메커니즘의 창조적 힘에 대해 세계적 수준의 생물학자들의 의심으로 가득 차 있는 것이 일반적인 현상입니다.

그럼에도 불구하고 진화론에 대한 대중의 옹호는 여전히 시대와 보조를 맞추어 계속되고 있습니다. 또한, 진화론적 입장에 대한 비판적이고도 지극히 과학적인 의견이 증가하고 있음을 인정하는 경우는 거의 없습니다. 과학적 이론에 대한 대중의 인식과 과학자들 내부의 검토 과학 문헌에서 이론과 실제 위치 사이에 있는 격차가 이렇게 큰 경우는 거의 없습니다.[1)]

생명의 돌연변이를 실험하는 과학자들에 대한 하나님의 진노

19세기에 인간은 호랑이와 사자를 교배하는 데 성공하였고, 그 결과물인 '라이거'를 세상에 소개했습니다. 사자와 호랑이는 고양이과(Felidae)로 알려진 동물의 종류 중 일부이며, 같은 과(family)에 속하기 때문에 이것이 성경적 관심사가 아니라고 말할 수도 있습니다. 그러나 과학자들이 큰 새와 사자, 또는 사람과 개와 같이 생물학적으로 서로 다른 과의 동물을 교배한다면 어떻게 될까요? 그 결과는 무엇이겠습니까?

성경에는 두 종류의 동물이나 식물 사이의 교배를 허용한 기록이 없습니다. 그러나 언젠가는 사람과 동물 사이의 교배종이 만들어질 수 있다는 가능성을 우리 모두 인식하고 있습니다. 우리는 하나님이 그의 진노를 쏟아부으시고 대홍수를 일으켜서 지상의 모든 피조물을 없애시기 전의 노아 시대에 그러한 피조물이 존재했었다는 기록을 창세기에서 살펴볼 수 있습니다. 아직 발달 단계는 아니지만, 오늘날 동물의 장기와 DNA가 의학의 발전이라는 명목으로 인간에게 삽입되고 있습니다. 오늘날의 과학자들이 그러한 연구가 실제로 인류를 기만하고 멸망시키기 위한 사탄의 계획 중 초기 단계라는 것을 깨달을 수만 있다면 좋을 텐데 말입니다. 이 책의 5장에서, 인류에 대한 사탄의 계획을 살펴보면 이 말이 무슨 뜻인지 이해하게 될 것입니다.

진화론을 가르치는 사람들과 달리 성경에서 말하는 우리의 궁극적인 목적과 삶의 의미는 그저 단순히 본능에 의해 생존하는 것이 아닙니다. 하나님은 자신의 놀라운 내적 가치와 성품, 인격을 나타내시기 위하여 초월적인 목적을 가지고 사람을 창조하셨습니다. 그 의미는 훨씬 더 깊은 것을 요구하는데 그것에 대해서는 이 책의 2장에서 논의하도록 하고 지금은 많은 기독교인의 믿음을 방해하는 창조 이야기 중 논란이 되는 선악과에 대한 문제를 다루도록 하겠습니다. 왜 하나님께서는 하나님의 형상을 따라 사람을 창조하신 후, 선악을 알게 하는 나무를 동산에 두었을까요? 그들이 그것을 먹게 되었고, 결국 우리 모두가 죽음에 이르는 원인이 된 것인데 말입니다.

인류 최초의 사람은 정말 아담이었는가?

하나님의 형상을 나타내기 위해 창조된 최초의 사람은 아담이었습니다. 그러나 정말 최초의 인간이 아담이었을까요? 믿거나 말거나, 성경학자와 교인들은 모두 이 질문에 대해 논쟁을 벌입니다. 성경이 이 문제에 대해 매우 분명하다면 이견이 없었을 것입니다.

창세기 1장에 나오는 모든 사실을 주의 깊게 살펴보지 않으면 쉽게 오해하고 혼동할 수 있습니다. 예를 들어, 창세기 1장에서 보듯이 하나님은 자기 형상 곧 하나님의 형상대로 인류—히브리어로 아담이라는 뜻, 한 사람 아담을 통해 모든 인류를 나타낼 수 있음—를 창조하셨고, 남자와 여자를 창조하셨습니다(창 1:27). 문제는 여기에서 시작됩니다. 창세기 2장에는 아담이 독신으로 창조된 것에 대한 매우 구체적인 설명이 기록되어 있습니다.

> 여호와 하나님이 흙[adamah 아다마]으로
> 사람[adam 아담]을 지으시고,
> 생기를 그 코에 불어넣으시니
> 사람이 생령[living being]이 된지라.
>
> 창세기 2:7

하나님이 창조하신 최초의 사람을 지칭하는 히브리어 단어가 '아담'이라는 것에 주목하십시오. '아담'은 또한 땅을 뜻하는 히브리어 '아다마(adamah)'와 관련이 있습니다. 그렇다면 창세기 1장에서 말하는 것은 하나님이 아담을 창조하셨는데 남자와 여자로 만드셨다는 의미입니다. 즉, 아담은 전 인류를 대표하는 한 사람이라고 해석할 수 있습니다. 또 창세기 2장에서는 하나님이 아담을 만드시고 아담으로 여자를 만드셨습니다. 여기에서는 하나님이 분명히 아담이라는 한 사람을 먼저 지으셨다는 의미이지만 다음과 같은 구절은 독자를 혼란스럽게 할 수 있습니다.

> 이러므로 남자가 부모를 떠나 그의 아내와 합하여
> 둘이 한 몸을 이룰지로다.
>
> 창세기 2:24

일부 성서 학자들은 이 구절이 아담 이전에 다른 남자와 여자가 있었고 그들이 아버지와 어머니로 존재했었음을 증명한다고 말합니다. 그렇다면 이 부모는 누구일까요? 문맥 내에서 이 구절을 읽어 보도록 하겠습니다.

아담이 이르되 이는 내 뼈 중의 뼈요 살 중의 살이라
이것을 남자에게서 취하였은즉 여자라 부르리라 하니라.
이러므로 남자가 부모를 떠나 그의 아내와 합하여
둘이 한 몸을 이룰지로다.

창세기 2:23~24

이것을 문법적인 관점에서 생각해 보겠습니다. "이러므로"라는 단어는 결론을 가리키는 접속사이며 주로 확대된 설명을 하기 위해 사용됩니다. 다시 말해서 여자는 남자에게서 취하여졌으므로, 남자는 그의 어머니가 아니라 그의 아내와 결합하여 그녀와 한 몸이 되어야 한다는 의미입니다. 이와 같은 맥락에서 문법적으로 명확하게 성경을 읽으면 많은 미스터리를 풀 수 있습니다.

그러나 아마도 아담 이전에 다른 사람들이 존재했다는 사실에 대한 가장 설득력 있는 단서는 가인이 아벨을 죽인 후인 창세기 4장에서 볼 수 있습니다. 하나님의 형벌을 들은 가인은 "내 죄벌을 지기가 너무 무거우니이다 … 무릇 **나를 만나는 자마다** 나를 죽이겠나이다(창4:13~14)"라며 두려워했습니다. 그 후 가인은 에덴의 동쪽에 있는 놋으로 도망하여 **아내와 결혼하여** 아들 에녹을 낳았습니다.

가인이 만난 사람들은 누구였으며 가인의 아내는 누구였습니까? 이 수수께끼를 푸는 데 도움이 될 수 있는 한 가지 단서는 창세기 4장과

5장에 있습니다. 4장의 끝에서 우리는 아담이 그의 아내와 동침하고 130세에 셋(Seth)이라는 아들을 낳은 내용을 읽게 됩니다. 아담의 아내는 "가인이 아벨을 죽인 후로 하나님이 나에게 아벨을 대신하여 다른 아이를 주셨으니(창 4:25)"라며 하나님을 찬양했습니다. 이제 성경에 대한 상식적인 접근을 사용하면, 가인은 아담이 거의 130세가 되었을 때에 아벨을 죽였을 것이라는 사실을 알게 됩니다. 이 구절을 더 주의 깊게 살펴봅시다.

전통적으로 성경 학자들은 하나님께서 아담을 젊은 남자의 육신으로 창조하셨다고 믿습니다. 이것은 그가 이미 그의 아내 하와와 사랑할 수 있었다는 것을 의미하므로 가인과 아벨은 그 직후에 태어났을 것입니다. 더군다나 아담과 하와가 가인과 아벨을 낳을 때부터 백 년쯤 후에 셋을 낳을 때까지 둘 사이에 자녀가 없었다고 생각하면 어처구니가 없는 것입니다. 가인이 아벨을 죽였을 때(언제인지 날짜는 알려지지 않았지만), 이 땅에는 수천 명의 친척이 살고 있었을 것입니다. 그 중에는 아벨의 직계가족이 있었을 것이며 가인을 적으로 여기고 죽이고자 하였을 가능성이 있습니다.

하나님은 이 친척들이 가인에게 복수하지 못하도록 그에게 표를 주셔야 했습니다. 그 이유는 무엇일까요? 누군가 가인을 죽이면 그의 가족이 복수할 것이기 때문입니다. 그러면 유혈사태가 계속되었을 것이고 모든 인류를 멸망시키려는 사탄의 계획이 실현될 수 있었을 것입니다. 그러므로 하나님은 "가인을 죽이면 형벌을 일곱 배나 받으리라"고 말씀하셨습니다. 이에 여호와께서 가인에게 표를 두어 누구든지 가인을 죽이지 못하게 하셨습니다(창 4:15~16).

아담과 하와 시대에 그들의 아들과 딸들은 결혼할 다른 사람이 없었으므로 서로 결혼해야 했습니다. 이러한 근친상간은 처음에는 실제로 전혀 문제가 되지 않았습니다. 인간의 유전자는 태초에 비교적 순수했기 때문에(오늘날과 대조적으로), 형제가 결혼하여 자녀를 낳는 경우에도 유전적 결함이 발생하지 않았다고 가정하는 것이 오히려 안전한 해석입니다. 이것은 아담과 하와가 선악과를 먹음으로써 인간의 유전자에 죄가 삽입되었음에도 유전적 결함이 크게 드러나지 않았다고 보는 것이 일반적 사실입니다.

하나님의 의도는 무엇이었는가?

하나님이 모든 것을 아신다면, 아담과 하와가 하나님이 하지 말라고 하셨음에도 불구하고 그분께 불순종하여 선악을 알게 하는 나무의 열매를 따먹을 것임을 분명히 아셨을 것입니다. 그렇다면 왜 하나님은 하나님과의 완전한 관계 속에서 아담과 하와가 평화롭게 살고 있던 동산 한가운데에 '선악과'라는 시험을 두셨을까요? 모든 것을 사랑하신다고 주장하시는 그분이 불순종할 수 있는 상황을 자신의 피조물에게 제공하신 것입니까? 아니면 그들을 죄에 몰아넣으려 하신 것일까요?

하나님께서 자신의 형상대로 남자와 여자를 창조하셨을 때, 명령 받은 모든 일을 자동적으로 하도록 프로그래밍 된 로봇처럼 그들을 창조하지 않으셨다는 점을 생각해 봅시다. 하나님의 관점에서, 인간은 자유 의지가 없으면 창조할 가치가 없습니다. 물론, 자유 의지를 부여한다는 것은 최고의 존재가 하는 일에 오히려 역효과일 수도 있습니다. 여러분이 여러분의 형상대로 생물을 만든다고 합시다. 그 창조물이 여러분에게 반항하기 위해 자유 의지를 사용할 수 있다는 것을 알면서도, 여러분과 다르게 생각하고 느끼고 행동하기를 정말로 원하겠습니까? 그렇다면 하나님은 왜 인간에게 불순종의 가능성이 있는 자유 의지를 주셨을까요?

하나님의 차원에서 우리가 그분과 소통하고 사랑의 인격적 관계를 가지시기 위해서는 우리 스스로 그 관계에 자유롭게 참여하도록 선택할 수 있어야 합니다. 동시에, 하나님은 사람이 유혹에 직면할 때, 하나님께 불순종할 것이라는 사실을 아주 잘 알고 계셨습니다. 그래서 아담과 하와를 보호할 계획을 세워야 했습니다. 물론 이러한 가정은 논쟁의 여지가 있는 것처럼 들릴 수 있습니다. 그러나 하나님께서 다음과 같이 추론하셨을 가능성이 아예 없다고 단언할 수도 없습니다. '그들이 나에게 불순종하고 죄를 짓는 것은 결국 시간문제일 뿐이므로 고의적인 죄 대신 의도하지 않은 죄를 범하도록 인도하지 않을 이유가 없지 않겠는가?'라고 말입니다.

차이점은 무엇일까요? 의도하지 않은 죄는 다른 사람의 영향을 받아 잘못 행동합니다. 그것은 계획적이거나 자발적인 성격이 아니므로 고의적인 죄와 달리 비교적 쉽게 용서받을 수 있습니다. 예를 들어, 법원에서 1급 살인자는 의도적으로 사람을 살해한 사람으로 가석방의 가능성 없이 최대 형을 선고받을 확률이 높습니다. 반면, 2급 살인자는 살인 계획이 없었거나 우연히 사람을 죽이게 되었기 때문에 훨씬 덜 가혹한 형을 받게 됩니다. 그들은 심지어 가석방을 받을 가능성도 있습니다.

영계에서 루시퍼는 1급 죄를 지었습니다. 모든 천사 중에서 가장 훌륭하고 가장 빛나는 천사로 창조된 그는 만왕의 왕과 만주의 주를 의도적으로 전복시키려는 구체적인 플랜을 세웠습니다. 그가 천국에 있었다면 창조주로부터 많은 사랑을 받았을 것입니다. 그러나 루시퍼는 자신의 지혜와 아름다움, 기름 부음과 완전함에 스스로 매료되어 버렸습니다.

> 인자야 두로 왕을 위하여 슬픈 노래를 지어 그에게
> 이르기를 주 여호와의 말씀에 너는 완전한 도장이었고
> **지혜가 충족하며 온전히 아름다웠도다** (…)
> 내가 너를 세우매 네가 하나님의 성산에 있어서
> 불타는 돌들 사이에 왕래하였도다.
> 네가 지음을 받던 날로부터 네 모든 길에 완전하더니
> **마침내 네게서 불의가 드러났도다**.
>
> 에스겔 28:12~15

그러한 기름 부음과 하나님의 은혜를 받은 루시퍼는 하늘에 있는 모든 천사 중 3분의 1이 그의 영적 반역에 가담하도록 설득했습니다. 이로써 그는 결코 용서받을 수 없고 측량할 수 없는 전면적이면서도 고의적인 죄를 저질렀습니다. 그래서 하나님은 그를 하늘에서 땅의 깊은 곳까지 쫓아내셨습니다(계 12:9). 하늘의 관점에서 볼 때, 온 땅은 감옥, 즉 '갇힌다'(히브리어로 스올Sheol, 헬라어로 하데스Hades)라는 의미의 감옥입니다. 지상으로 추방된, 한때 가장 빛났던 루시퍼는 사탄(히브리어로 하사탄ha'Satan, 헬라어로 사타나스Satanas)의 의미인 '대적'의 역할을 맡았습니다.

'번성하라'라는 명령을 받은 인간과 달리(창 1:22, 9:7), 하나님은 그분과 인류를 섬기는 존재로 천사를 창조하셨습니다. 사탄이 반역했을 때, 천사의 3분의 1은 하나님의 종이던 자리를 버리고 지금까지도 이 땅에서 사탄을 섬기고 있습니다. 우리는 그들을 타락한 천사라고 부릅니다.

타락한 천사이자 하나님의 대적인 루시퍼는 하와에게 와서 그녀가 선악과를 먹음으로써 하나님께 불순종하도록 유혹합니다. 물론 전지전능한 하나님은 하와가 어떻게 할 것인지 알고 계셨습니다. 이것은 하나님께서 의도적으로 선악을 알게 하는 나무를 동산의 중앙에 두셨음을 의미합니다. 하와가 고의로 죄를 짓게 놔두는 것보다 사탄의 외적인 영향으로 인해 죄를 짓게 하는 것이 더 나으므로 선악과를 두는 것이 하나님의 인간을 향한 사랑의 방식이라고 생각할 수 있습니다. 왜 그것을 사랑이라고 말할 수 있을까요? 바로 그러한 방식을 통해 하나님은 사탄이 언젠가 직면하게 될 궁극적인 죽음, 즉 영원한 하나님과의 분리로부터 인간을 구원했기 때문입니다.

그렇지만, 의도하지 않은 죄에도 결과는 따라옵니다. 아담과 하와가 선악과를 먹은 후, 하나님은 화염검을 든 천사들을 보내어 생명나무를 지키게 하셨습니다. 왜 그랬을까요? 만일 그들이 하나님께 불순종하고 그것을 다시 먹었다면 그들은 실제로 타락한 상태에서 영원히 살았을 것이기 때문입니다(창 3:22). 즉, 회개하거나 용서받을 기회가 없었을 것이라는 의미입니다.

영적으로 죽은 아담과 하와는 그 후 에덴에서 추방되었고 결국에는 육체적인 죽음을 맞이했습니다. 더 이상 그들의 창조주와 완전한 의사소통을 하지 않는 상태, 즉 하나님과의 분리된 상태가 세상에 들어왔습니다.

Chapter 3

여러분을 향한 사탄의 계획

아담과 하와가 더 이상 하나님과의 친밀함을 누리지 못하게 되고, 그분이 계획하신 대로 그분의 형상을 반영하지 않는다는 것은 사탄이 이겼다는 의미일까요? 절대 그렇지 않습니다. 그러나 사탄은 여전히 그렇게 생각할 듯합니다. 창세기 3장은 뱀에게 놀라운 운명의 반전을 소개합니다. 하나님은 그를 저주하셨습니다.

> 내가 너로 여자와 원수가 되게 하고
> 네 후손도 여자의 후손과 원수가 되게 하리니
> 여자의 후손은 네 머리를 상하게 할 것이요
> 너는 그의 발꿈치를 상하게 할 것이니라
>
> 창세기 3:15

사탄에 대한 이 저주를 '원시 복음(original gospel)'이라고 부릅니다. 하와의 혈통 누군가가 사탄을 이기게 될 것이고, 그 과정에서 사탄이 이 사람을 해칠 것이라는 예언이 담겨 있습니다. 우리는 성서의 후기 예언에서 이 사람이 메시아, 곧 하나님의 기름 부음 받은 자임을 알게 됩니다. 헬라어로 메시아는 크리스토스(Christos)이며, 여기에서 그리스도라는 단어가 유래됩니다. 예수 그리스도는 즉, 예수 메시아라는 뜻입니다.

사탄은 그가 메시아에게 어떻게 패배할 것인지를 듣고 어떤 생각을 했을까요? 아마 당황했을 것입니다. 더욱이 그는 이제 하나님의 계획을 누구보다 잘 이해하게 되었습니다. 메시아는 사탄을 멸망시키심으로써 사탄이 선택한 무기로 사용하는 사망의 권세를 멸망시킬 것입니다. 이 메시아가 죽음의 권세를 멸할 때, 아담과 하와가 원래 하느님과 연합했던 것처럼 인간의 영혼을 창조주와 재결합시킬 것입니다. 이 재결합은 사탄이 반역하여 세상에 가져온 영적 사망으로부터 인류를 구원할 것입니다.

그래서 창세기 3장부터 메시아의 죽음과 부활까지, 사탄은 메시아가 이 땅에 오시는 것과 메시아의 사명을 다하는 일을 막는 이 한 가지 일에 온 힘을 집중하기로 했습니다. 그가 성공하면 전 인류가 사탄에게 복종하여 영원히 사탄과 함께 살게 될 것입니다.

메시아가 무덤에서 일어나 죽음을 이기고 나서, 사탄은 예수가 사망의 권세를 멸하신 메시아라는 사실을 인류가 믿지 못하도록 하는 것에 초점을 맞췄습니다. 이처럼 사탄은 하나님의 대적일 뿐만 아니라 우리의 적이기도 합니다. 그렇기 때문에 성경에서는 우리를 대적하는 사탄의 계략을 모르면 안 된다고 말합니다. 우리의 죽음을 위한 적의 전략을 모른다면 우리는 매번 적에게 지게 될 것입니다. 고대 중국의 군사 전략가이자 철학자인 손자는 《손자병법(Art of War)》에서 이 진리를 이해했고, 다음과 같이 썼습니다. "적을 알고 나를 알면 백 번 싸워도 위태로울 것이 없으나, 나를 알고 적을 모르면 승과 패를 각각 주고받을 것이며, 적을 모르는 상황에서 나조차도 모르면 싸움에서 반드시 위태롭다."

오늘날 기독교는 악의 세력과 복음의 풍성함을 너무 가볍게 다루어서 신앙생활을 하는 그들의 노력이 왜 실패하는지 이해하지 못합니다.

우리가 사탄과의 싸움에서 그렇게 자주 지는 것도 당연할 수밖에 없습니다.

이 책의 2부에서는 메시아가 죽음을 이기시고 우리를 영생으로 인도하시는 하나님의 전략을 살펴보겠습니다. 그러나 먼저 사탄이 우리를 영원한 죽음으로 인도하기 위해 어떤 전략을 세우고 있는지 살펴보겠습니다.

플랜 A: 사탄의 혈통을 통한 인류 파괴

창세기의 처음 세 장의 창조 이야기와 6장의 노아 시대의 대홍수 사이에 많은 타락한 천사에게 인간의 육체를 입고 여자(아담과 이브의 후손)와 잠자리를 하였을 것입니다. 이러한 성행위는 네피림(Nephilim 일부 고대 신화의 신과 유사한 거인)을 낳았고 노아 시대에도 지구에 남아 있었습니다.

당시에 땅에는 **네피림**이 있었고 그 후에도
하나님의 아들들이 사람의 딸들에게로 들어와 자식을 낳았으니
그들은 용사라 고대에 명성이 있는 사람들이었더라

창세기 6:4

네피림은 루시퍼의 반역에 따르는 타락한 천사의 후예로서 인류의 혈통을 타락시켰습니다. 남자와 여자는 오로지 하나님의 형상대로 지음 받았으나 이제는 루시퍼의 타락한 형상대로 만들어졌습니다. 즉, 두 '종류'의 피조물(천사와 사람)이 혼합되는 것은 하나님이 결코 의도하거나 승인하지 않으셨습니다. 이러한 대적의 외도대로 사람들은 루시

퍼를 포함한 거짓 신들을 숭배하였고, 네피림을 찬양했습니다.

루시퍼는 이 계획으로 하와의 후손을 멸망시키고 메시아가 정하신 시간에 오시는 것을 막을 수 있었을 것입니다. 그러나 하나님은 대홍수를 보내어 사탄의 플랜 A를 망쳐 놓았습니다. 물론, 노아라는 의로운 사람과 그의 가족, 그리고 선택된 동물을 제외하고는 모든 네피림과 그들을 숭배하는 인간과 동물이 모두 죽었습니다.

플랜 A는 홍수 이후 한동안 보이지 않았지만 다시 재개되었습니다. 오늘날 이러한 거인들은 지구에서 사라진 것처럼 보이지만 그들의 영향력은 사라지지 않았습니다.

플랜 B: 인간을 혼동시키는 거짓 신들

플랜 A가 실행되는 동안 루시퍼는 플랜 B를 구현했습니다. 즉, 진정한 신이 누구인지 인류를 혼란스럽게 하는 것입니다. 대홍수 이전에도 거짓 신들을 숭배함으로써 인류는 "우리의 하나님이 누구입니까?"라고 묻곤 했습니다. 루시퍼의 속임수 아래 사람들은 거인이나 반인반수, 또는 타락한 천사의 형상을 숭배했습니다(이사야 13:21, 34:14).

루시퍼는 이 우상 창조물 중 뿔이 있는 동물을 선호했습니다. 예를 들어 이집트인들은 해, 달, 별 뿐만 아니라 염소 같은 동물들도 숭배했습니다. 모세 시대에 이스라엘 백성은 금송아지를 만들어 숭배했습니다. 오늘날 힌두교인들은 소를 숭배하지 않는다고 말하지만 소를 신성한 동물로 여깁니다. 또한 루시퍼의 현대 이미지는 종종 그가 뿔을 가진 모습으로 묘사합니다. 오늘날 사탄 숭배의 중심 이미지는 염소 머리를 한 인간의 형상인 바포메트(Baphomet)[2]입니다.

지금은 기형의 염소로 묘사되지만 루시퍼는 원래 위대한 천사장 역할을 하는 그룹(cherub)인 빛의 존재로 창조되었습니다. 그룹은 성경에서 강조된 하나님의 네 피조물(인간, 사자, 송아지, 독수리) 중 하나입니다. 요한계시록에서 우리는 이 그룹의 얼굴이 암소의 얼굴임을 읽습니다(계 4:7). 그렇다면 소를 숭배하는 것은 종종 루시퍼를 숭배하는 이단적이고도 은밀한 방법이라고도 해석이 됩니다. 이렇게 플랜 B는 많은 세계 종교와 비밀 결사적 움직임을 통해 여전히 흐르고 있습니다.

플랜 C: 거룩함의 본질을 훼손

플랜 A, B와 함께 사탄은 또한 진정한 거룩함이 무엇인지에 대해 인류를 혼란스럽게 했습니다. 거룩함이란 무엇입니까? 사탄 및 세상의 형상과 구별되는 하나님께서 자신의 놀라운 내적 가치와 성품, 개성을 드러내는 것입니다. 하나님은 우리를 그분의 형상대로 만드셨기 때문에 우리는 그분을 위해 구별된 존재입니다.

예를 들어, 대홍수 이후에 노아의 가족이 새롭게 시작하여 거룩함이 전 세계에 퍼질 수 있었을 때, 사탄은 즉시 일을 시작하여 노아의 아들 함이 술에 취한 자기 아버지에게 악한 일을 행하도록 유혹했습니다(창 9:22~24). 성경은 함이 그의 아버지의 하체를 보았다고만 말하지만, 유대 전통은 그가 훨씬 더 많은 일을 했을 것이라고 말합니다.[3]

실제로 무슨 일이 있었는지 자세히는 모르지만, 함이 했던 일을 알게 된 노아가 함의 아들 가나안[4]을 저주한 것을 우리는 알고 있습니다. 그러므로 함과 그의 후손이 하나님께 반역한 것은 우연이 아닙니다.

반역과 함께 사탄은 사람들의 마음, 특히 니므롯(함의 후손 중 하나)의 마음에 교만을 심어 줌으로써 악명 높은 바벨탑을 세워 하나님과 경쟁하게 했습니다. 그러나 하나님은 바벨론 백성을 여러 나라와 종족, 언어로 흩어 버리심으로써 사탄의 계획을 다시 좌절시키셨습니다.

이렇게 인류가 뿔뿔이 흩어졌음에도 불구하고 플랜 C는 여전히 효력을 발휘하고 있습니다. 대다수의 사람들은 거룩함이 무엇인지에 대해 여전히 혼란스러워하며 하나님보다 세상의 형상을 반영하는 것을 선호하고 있습니다.

플랜 D: 피의 전쟁을 일으킴

인류 멸망에 실패하자 사탄은 메시아가 세상에 들어오지 못하도록 아주 구체적인 조치를 취했습니다. 그는 메시아가 오실 것을 알고 있었지만 정확히 언제 올지는 알지 못했습니다. 아마도 모세가 메시아일 수도 있다고 생각했을 수도 있습니다. 그래서 그는 바로(Pharaoh)에게 영향을 끼쳐 이집트에 있는 모든 히브리 남자 신생아를 죽였습니다(출 1:15~16).

후에 메시아의 탄생 소식이 헤롯 왕에게 전해지자, 사탄은 그에게 영향을 끼쳐 베들레헴에서 두 살 미만으로 태어난 남자아이를 모두 죽였습니다(마 2:16~18). 이번에도 하나님은 천사를 보내어 마리아와 요셉에게 잠시 애굽(이집트)으로 도피하라고 경고하심으로써 사탄의 계획을 좌절시키셨습니다.

사탄은 포기하지 않았습니다. 예수님이 사역을 시작하시자 사탄은 창세기 3장 15절에 나오는 예언된 메시아로서의 권위에 도전했습니다. 그가 하와에게 반역하도록 유혹한 것처럼, 루시퍼는 예수께서 반역하도록, 즉 '만왕의 왕이요 만주의 주'라는 그의 주장을 포기하고 심지어 죽기까지 하도록 유혹했습니다. 하와와 달리 예수님은 시험을 이기셨고 사탄은 또다시 실패했습니다(마 4:1~11).

그러나 루시퍼는 플랜 D를 성취할 마지막 기회가 있었습니다. 그는 당시의 종교 지도자들이 예수를 처형하도록 영향을 끼쳤습니다. 이 순간 사탄이 승리한 것 같았습니다. 예수님의 제자들도 예수님의 명백한 패배에 낙심했습니다(눅24:13~33). 그들은 사탄에 대한 승리를 예언한 창세기 3장 15절의 원시 복음(Original Gospel)의 진리를 아직 이해하지 못했으며, 그 예언이 어떻게 이루어질 것인지에 대해 설명하는 예언도 이해하지 못했습니다(사 53장).

예수님은 고통을 당하셨습니다. 사탄은 창세기 3장 15절에서 예언된 대로 그의 발꿈치를 쳤습니다. 그러나 예수님은 사흘 만에 다시 살아나셨을 때 사탄의 머리를 부수셨습니다. 메시아(그리스도)의 부활을 통해 인류를 대적하는 사탄의 가장 큰 권세, 사망이 완전히 소멸되었고(고전 15:55, 호 13:14) 첫 번째 메시아 예언이 성취되었습니다: "내가 너로 여자와 원수가 되게 하고 네 후손도 여자의 후손과 원수가 되게 하리니 여자의 후손은 네 머리를 상하게 할 것이요 너는 그의 발꿈치를 상하게 할 것이니라"(창 3:15).

결과적으로 플랜 D는 더 이상 효력이 없어졌기에 사탄은 플랜 E로 재설계하였습니다.

플랜 E: 메시아를 따르는 자들을 죽임

사탄은 메시아가 언젠가 자신을 짓밟을 것이라는 것을 알고 있었지만, 그 일이 어떻게 일어날지 정확히 이해하지 못했을 것입니다. 만일 그가 예수님이 죽음과 죄의 권세를 이기고 살아나실 것을 알았다면, 사탄은 그를 죽이려고 하지 않았을 것입니다. 그러나 메시아가 승천하여 하나님의 우편인 의로운 자리에 앉으셨으니 성난 사탄이 무엇을 하려고 할까요? 당연히 하느님께서 지상에 그분의 왕국을 세우는 것을 막으려 할 것입니다. 그리고 우리가 사도행전 전체에 나와 있듯이 사탄은 예수님의 추종자들에게 큰 박해를 가한 것을 알 수 있습니다(행 8:1~3).

이러한 박해에도 불구하고 메시아가 사탄을 이기었다는 기쁜 소식이 온 세상에 널리 퍼졌고, 예수님이 진정한 메시아라는 사실을 믿는 사람들이 계속해서 늘어났습니다. 사탄은 당황했지만 포기하지 않았습니다. 그는 더 화가 났고 더 많은 종교 지도자들, 심지어 로마 제국 전체에 영향을 주어 그리스도인이라고 불리게 된 예수의 추종자들을 박해했습니다. 수많은 기독교인이 믿음을 지키기 위해 횃불에 타거나 목이 잘리고 십자가에 못박히기도 했지만, 사탄은 그들이 '예수님이 그들의 메시아요 구원의 문'이라고 믿는 것을 막지 못했습니다. 그래서 사탄은 갑자기 전술을 바꿔 플랜 F를 심었습니다.

물론 오늘날에도 우리는 ISIS와 같은 급진적 이슬람 테러 단체와 기독교 전도자를 투옥하고 고문하고 있는 이란, 수단과 같은 근본주의적 이슬람 정부에서 플랜 E를 볼 수 있습니다. 또한 미국 같은 전통적인 기독교 국가에서도 학교와 직장에서 기독교 신앙을 가졌다는 이유로 기피와 추방, 해고 또는 소송을 당하는 것을 볼 수 있습니다.

플랜 F: 성경의 가르침을 혼동시킴

사탄의 새로운 플랜 F는 사실 예전부터 있었던 오래된 우상 숭배 플랜 A인데 이번에는 예수님의 이름으로 하는 것입니다.

이교도 정부에 의한 기독교인에 대한 고문과 박해는 로마 제국이 공식적으로 콘스탄티누스 황제의 지도 아래 기독교 국가가 된 서기 313년에 중단되었습니다. 그가 비록 기독교 개종자로 존경을 받기는 하지만, 역사 기록에 따르면 그가 실제로 태양 숭배 의식을 기독교 관습에 추가했다는 가능성이 밝혀졌습니다. 사실 그는 거의 죽을 때까지 침례를 받지 않았습니다.[5)]

기독교 황제로서 그는 메시아를 믿는 신자들이 예수를 숭배하도록 허용했을 뿐만 아니라 그들의 신앙을 보호하기 위한 법을 제정했습니다. 그러나 불행히도 이러한 보호에는 한계가 있었습니다. 신자들은 성경에 대한 자신의 이해에 근거하여 자유롭게 예배드렸던 것이 아니라. 언제 어떻게 신앙을 실천해야 하는지에 관한 교회 협의회의 공식 선언에 따라 예배할 수 있었습니다. 믿는 자들에게는 긍정적 반전처럼 보였던 것이 실제로는 천 년 이상 동안 지상에서 하나님의 왕국의 발전을 저지한 크나큰 혼란과 기만의 도구가 되었습니다.

콘스탄티누스는 그리스도인들이 유대교 신앙의 표현을 실천하는 것을 금했습니다. 예를 들어, 그는 유월절을 예수께서 돌아가신 시간으로 지키는 대신 교회 공의회에서 부활절을 새로운 거룩한 날로 채택하도록 강요했습니다. 그는 또한 유대인들이 성경의 거룩한 절기를 언제 축하해야 하는지 알 수 없도록 유대인 달력을 불법화했습니다. 일부 유대인 역사가들은 예수의 이름으로 유대인에 대한 박해가 공식적으로 콘스탄틴 시대부터 시작되었다고 말합니다.[6)]

사탄의 플랜 F는 너무 구체적이고도 교활해서 예수 그리스도의 이름으로 유대인과 이슬람교도를 학살했고, 그 결과 어떤 곳에서는 그분의 이름이 평화와 구원의 근원이 아니라 저주가 되도록 만들었습니다. 우리는 사탄이 십자군 전쟁(1095년~1295년)을 통해 이교도들과 전쟁을 벌임으로써 예수의 이름으로 수천 명의 유대인과 무슬림, 기독교인이 살해되는 플랜 F의 결과를 볼 수 있습니다.[7] 플랜 F의 또 다른 예가 있습니다. 2차 대전 당시 루터 교회는 권력과 야합을 했고 히틀러를 강력히 지지하였는데, 이는 히틀러의 유대인에 대한 핍박에 간접적인 영향을 주었습니다.

플랜 F의 희생자는 유대인만이 아닙니다. 예수의 이름으로 역사적으로 수천 명의 무고한 기독교인들이 '종교 재판'이라는 깃발 아래 고문을 당하고 죽임을 당했습니다. 이것은 교회 지도부가 이단[8]으로 간주하는 것, 즉 공식적인 교회 가르침에 반하는 모든 믿음을 제거하려는 시도였습니다. 불행히도 대부분의 신자들은 자신의 언어로 성경을 읽을 수 없었기 때문에 교회는 쉽게 이단을 만들고 퍼뜨렸습니다.

예를 들어, 교회는 교황이 지상에서 메시아를 대신하며, 교회 지도자들이 성경을 해석할 독점적인 권리를 가진다고 가르쳤습니다. 이 배타성과 라틴어로만 인쇄된 성경으로 교회는 심지어 "면죄부"를 통해서 구원을 돈으로 살 수도 있다고 가르쳤습니다. 중세 후기까지 교회 신자들은 죽은 가족을 지옥에서 석방하여 연옥으로, 또는 연옥에서 천국으로, 심지어 지옥에서 직접 천국으로 옮길 권리를 살 수 있다고 믿으면서 많은 성당 건축 프로젝트에 자금을 지원했습니다.[9]

1517년 독일의 가톨릭 사제이자 수도사였던 마틴 루터는 면죄부를 사서 구원을 얻을 수 있다는 이러한 생각에 전면 반대했습니다. 그는 성경을 독일어로 번역하여 사람들이 스스로 말씀을 읽을 수 있도록 하고 개신교를 탄생시킨 종교개혁 운동을 시작했습니다.[10] 공식적인 교회 교리에 반대하는 그의 항의와 함께 유럽 대부분의 지역에서 개신교 기독교인들에 대한 새로운 박해의 물결이 시작되었습니다. 이 유럽의 개신교인들은 순례자가 되었습니다. 결국 목숨을 걸고 도망친 그들은 1620년 메이플라워호를 타고 대서양을 건너 신대륙에 상륙하여 전 세계적으로 성경 중심의 기독교 운동을 촉발하게 됩니다.[11]

종교 개혁은 구원을 돈으로 얻거나 살 수 없다는 정확한 성경적 가르침을 회복시켰지만, 아쉽게도 종교적 관습을 1세기 유대교 신자들의 이해로 완전히 회복시키지는 못했습니다. 교회와 교파에 따라 정도는 다르지만, 개신교는 교회 초기 세기의 그리스와 로마의 지도력에 여전히 영향을 받고 있었기 때문입니다.

하나님이 누구신지, 성경이 가르치는 바에 관해 여전히 존재하는 모든 혼란은 사탄이 여전히 이 세상의 타락한 천사와 마귀의 주모자임을 보여 줍니다. 사탄은 종교, 정치, 문화, 예술, 미디어 등을 통제합니다. 그들은 인간의 교만과 돈, 권력을 미끼로 사용하여 많은 종교 지도자가 계속해서 거짓 교리를 가르치게 하며 유대인, 기독교인, 무슬림, 무신론자들을 통해 여러 시대에 걸쳐 수많은 사람을 억압하고 죽이도록 유혹합니다.

예를 들어 사탄은 이단 형태의 세속 종교인 공산주의를 만들었습니다. 기독교는 하나님의 방법에 따라 부자가 그분에 대한 사랑으로 인해 자발적으로 가난한 사람들과 소유물을 나누도록 자유 의지에 따른 평등을 선호합니다. 반면 공산주의는 부자의 소유물을 강제로 빼앗아 가난한 사람들에게 나누어 줍니다. 모든 사람이 아무리 열심히 일해도 평등한 임금을 받기 때문에 자연스럽게 적대감과 다툼, 게으름 등 부정적 현상이 나타납니다. 효율성과 생산성이 떨어지고 부족과 빈곤이 증가합니다. 탐욕의 유혹을 통해 공산주의 통치자들은 수많은 사람을 투옥하고 고문하고 불구로 만드는 등 권력을 남용하고 재산을 탈취하며 정치 전쟁의 전리품으로 전락시킵니다. 공산주의는 재앙을 낳을 뿐입니다. 이것이 공산주의가 실패한 이유입니다. 그러나 공산주의가 실패했음에도 불구하고 사탄의 계획은 지금도 계속되고 있습니다. 현재 세계의 젊은이들은 공산주의를 되살리기 위한 세속 대학에서 교육을 받고 있으며, 그들은 그 유혹에 빠져들고 있습니다.

이 학생들은 언젠가 차기 히틀러, 스탈린, 카다피, 후세인 또는 김정은이 될 수 있습니다. 또한 이들은 사탄의 능력과 지식, 부를 이용하여 그의 플랜 F를 성취하도록 도우면서 그들의 길에 있는 수많은 사람을 파괴할 수 있습니다.

플랜 G: 유대인 죽이기

우리는 수백만 명의 유대인 학살을 도모한 히틀러에게서 사탄이 활동하는 것을 분명히 보았습니다. 왜 유대인을 학살했을까요? 예수님이 처음에 유대인들을 통해 이 땅에 오셨고, 유대인들이 예수님을 메시아로 믿으면 다시 오실 것이기 때문입니다.

형제들아, 너희가 스스로 지혜 있다 하면서
이 신비를 너희가 모르기를 내가 원하지 아니하노니,
이 신비는 **이방인의 충만한 수가 들어오기까지 이스라엘의**

더러는 우둔하게 된 것이라. 그리하여 온 이스라엘이
구원을 받으리라 기록된 바 구원자가 시온에서 오사
야곱에게서 경건하지 않은 것을 돌이키시겠고,
내가 그들의 죄를 없이 할 때에 그들에게 이루어질
내 언약이 이것이라 함과 같으니라

로마서 11:25~27

물론 유대인이 자신들의 민족에 대한 그토록 많은 핍박과 악의 원인이라고 여기는 예수님을 메시아로 믿는 것은 매우 어려운 일입니다. 그런 점에서 사탄은 오늘날까지 대성공을 하고 있습니다. 어린 시절부터 히틀러에게 영향을 미치고 유대인을 증오하는 독일의 지도자가 되게 하고 유럽 전역에서 전쟁을 벌일 수 있는 자원을 제공한 것은 사탄입니다. 그러나 유대인들을 완전히 멸망시키려는 사탄의 계획은 성공하지 못했습니다. 이 대량 학살은 많은 예언의 성취로 오히려 이스라엘이 2천 년 동안 전 세계에 흩어진 후 하나의 국가로서의 독립을 회복하는 데 도움이 되었습니다(겔 20:34; 이사야 11:11~12, 66:8; 시편 107:2~3).

사탄은 이스라엘을 구원하려는 하나님의 계획을 파괴하려는 시도를 멈추지 않았습니다. 1948년 5월 14일 이스라엘이 독립을 선언하자마자 주변 아랍 국가들이 사탄의 영향력 아래 이스라엘과 전쟁을 벌였습니다. 이러한 압도적인 군사력에도 불구하고 신생 이스라엘 군대는 독립을 유지했습니다.[12] 사탄은 정치적, 사회적, 경제적, 영적 모든 면을 이용하여 과격한 이슬람과 세상이 유대인을 미워하도록 영향을 주어 유대인을 멸망시키려는 플랜 G를 계속하고 있습니다.

사탄의 한계

우리는 사탄이 인류의 마음과 의지에 얼마나 많은 영향을 미치는지 보았습니다. 그런데 그가 스스로 할 수 없는 한 가지가 있습니다. 사탄은 인간의 생명을 끝낼 수 없습니다(신 32:39). 그렇기 때문에 그의 전략은 인간에게 영향력을 행사하는 데 있는 것입니다. 마음이 나약하고 믿음이 없는 사람들은 사탄의 영향으로 결국 자신이나 다른 사람들을 파괴합니다. 특히 사탄은 형제끼리 서로 원한을 품고 관계를 깨뜨릴 때까지 대적하도록 만드는 것을 좋아합니다.

우리는 욥기에서 사탄의 한계를 봅니다. 하나님은 사탄이 욥에게 온갖 재앙과 질병과 수치를 안겨 주는 것을 허락하셨지만, 사탄이 욥의 생명에 손대는 것만큼은 허락하지 않으셨습니다(욥 2:6). 사탄에게 인간의 생명을 끊는 권세가 주어졌다면, 오늘날 살아 있는 사람은 단 한 사람도 없을 것입니다. 이 지식을 알고 있다면 우리는 사탄에 의한 육신의 죽음을 두려워할 필요가 없습니다. 우리는 오직 하나님께서 영생을 주신다는 복음의 진리에 의지할 필요가 있을 뿐입니다.

사탄의 종말

물론 사탄이 이 땅에서 영원히 사는 것은 아닙니다. 요한계시록에 따르면, 그는 예수께서 메시아 왕국을 세우기 위해 재림하실 때 천 년 동안 투옥될 것입니다. 그 후에 사탄은 일시적으로 석방되어 불신자들이 예수와 모든 기독교 신자를 공격하도록 부추길 것입니다. 그러나 하나님을 통해 인류를 멸망시키려는 그의 계획은 다시 실패할 것입니다. 불이 하늘에서 내려와 사탄을 불못에 던질 것입니다. 이것이 사탄과 그의 형상으로 얻은 모든 영혼의 최종 운명입니다. 즉, 예수님을 믿지 않는 모든 사람은 사탄과 함께 영원한 멸망 속에 있게 될 것입니다(계 20:1~10).

하나님은 모든 사람이 하나님과 함께 천국에서 영원한 구원을 위한 계획을 선택하도록 긴급히 부르고 계십니다. 그것이 무엇을 의미하는지 2부에서 배우게 될 것입니다.

사탄은 필요한가?

하나님의 관점에서 사탄을 생각해봅시다. 하나님은 인간을 자신의 형상대로 창조하여 이 땅에서 가장 귀한 피조물이 되게 하셨습니다. 그러나 하나님은 그들을 돌볼 일꾼이 필요하셨기 때문에 사람을 창조하시기 전에도 "구원받을 기업을 섬기게 하려고 보냄을 받은"(히브리서 1:14) 섬기는 영으로 천사들을 창조하셨습니다. 루시퍼, 가브리엘, 미가엘은 천사들의 리더인 천사장으로 임명되었습니다(유 1:19; 다니엘 12:1, 21; 눅 1:19). 그리고 하나님은 루시퍼를 모든 천사 중에서 가장 아름다운 존재로 창조하셨습니다. 루시퍼는 음악을 통해 하나님을 찬양하는 일을 맡았던 것으로 믿어지며[13] 가브리엘은 으뜸가는 사자(메신저)였고 미가엘은 천사계의 용사들을 이끌었다고 알려집니다.

우리는 다니엘 10장에서 미가엘이 어떻게 악한 영을 물리쳤는지 볼 수 있습니다. 그곳에서 한 천사가 다니엘에게 기별을 전하려고 했는데, 도중에 악령이 그 천사를 3주 동안 가두어 두었습니다. 마침내 미가엘 천사장은 그 현장에 들어와 귀신과 싸웠습니다. 천사가 다니엘에게 이르러 이렇게 설명합니다. "바사 왕국의 군주가 이십일 일 동안 나를 막았으므로 내가 거기 바사 왕국의 왕들과 함께 머물러 있더니 가장 높은 군주 중 하나인 미가엘이 와서 나를 도와주므로(단 10:13)."

평화로운 천국에서는 장군이 필요하지 않지만, 하나님은 군대의 대천사를 임명하셨습니다. 이것은 영적인 영역에서, 심지어 천국에서도 전쟁이 있다는 것을 의미합니다. 그분은 인간과 천사들에게 주신 자유 의지 때문에 전쟁이 있음을 아셨습니다. 자유 의지는 사랑의 원천이기도 하지만 이렇게 악을 선택할 권리를 허용하기도 합니다.

하나님은 왜 사탄을 제거하지 않는가?

필멸의 존재에게 있어서 하나님의 영원한 계획 속에 있는 사탄의 역할을 이해하는 것은 가히 어려운 일입니다. 그럼에도 불구하고 이 질문은 중요하기 때문에 우리는 주의를 기울여야 합니다. 창세기 3장 15절에서 하나님은 타락한 세상을 위한 그의 초기 행동 계획, 즉 예언된 메시아 예수 그리스도를 통한 모든 인류의 구원을 분명히 말씀하셨습니다. 이 계획은 영원한 천국에서 완성될 것입니다. 그러므로 사탄과 타락한 천사와 마귀를 연구할 때, 하나님께서 우리를 사탄의 죽음의 손아귀에서 건져내시고 영원한 천국으로 인도하실 계획이 있으시며, 그 계획에는 우리의 자유 의지가 포함되어 있음을 명심하십시오.

하나님은 우리 각자에게 그분을 대신할 것인지 아니면 우리의 대적을 위해서 선택할 것인지 묻고 계십니다. 그러므로 사탄과 그의 마귀들과 타락한 천사들은 하나님의 구원 계획에서 유용한 도구로 사용됩니다. 사실 우리는 성경 전체에 걸쳐 그의 유혹을 이겨 내고 믿음으로 굳건히 서서 창조주와 함께하는 영원으로 인도하는 좁은 길을 가라는 권면을 받습니다. 예수님은 "이기는 그에게는 내가 내 보좌에 함께 앉게 하여 주기를 내가 이기고 아버지 보좌에 함께 앉은 것과 같이 하리라"(계 3:21)고 약속하셨습니다. 우리는 천국으로 가는 길을 위해 싸워야 합니다. 그리고 이 세상의 악한 통치자를 정복하기 위해 우리가 실제로 누구와 싸우고 있는지 더 잘 이해해야 합니다.

Chapter 4
사탄과 교회

저희는 귀신의 존재를 믿을 뿐만 아니라 실제로 그들을 대적하고 사람들에게서 쫓아낸 경험이 여러 번 있습니다. 실제로 예수님도 꽤 자주 그런 사역을 하셨습니다. 하나님과 그의 아들 예수 그리스도가 존재한다는 사실을 받아들인다면 귀신도 존재한다는 사실을 받아들이는 것은 당연합니다. 때때로 성경에서 "귀신" 또는 "마귀"로 번역되는 이 영들조차도 하나님이 존재한다고 믿습니다.

> 네가 하나님은 한 분이신 줄을 믿느냐
> 잘 하는도다. 귀신들도 믿고 떠느니라
>
> 야고보서 2:19

이러한 귀신이 무엇이며 그들이 무엇을 하는지에 대해서는 개신교 교단마다 의견이 분분합니다. 어떤 이는 타락한 천사라고 하고 어떤 이는 죽은 불신자의 영이라고도 합니다. 어떤 사람들은 신자에게 영향력을 주지 않는다고 말하고, 어떤 사람들은 사람에게 행해지는 모든 나쁜 일에 귀신의 책임이 있다고 말합니다. 그런 점에서 생각해 볼 때 성경은 귀신이 누구이며 무엇을 하는지에 대해 어떻게 말할까요?

사악한 영이란 무엇인가?

성경에는 귀신이나 마귀가 무엇인지에 대한 설명이 거의 없지만, 타락한 천사와 대조하며 그들이 하는 것과 하지 않는 것을 보면 올바른 추론을 할 수 있습니다.

- 천사는 몸을 가진 사람이 될 수 있지만 귀신은 사람의 몸으로 들어갈 수 있습니다. 사실 성경 어디에도 타락한 천사가 인간 안에 산다는 언급은 없습니다.
- 천사와 타락한 천사는 날개가 있어 날 수 있지만, 귀신은 날개가 없습니다.
- 천사와 타락한 천사는 각자의 서식지가 있지만, 귀신은 사람의 몸에 들어갈 수 있고, 한 사람 안에 여러 귀신이 들어갈 수 있습니다.

어떤 교회에서 귀신이 죽은 불신자의 영이라고 말한다면, 그 주장은 매우 논쟁의 여지가 있습니다. 그럼에도 불구하고 귀신이 할 수 있는 것과 할 수 없는 것에 대한 성경에서는 귀신이 있다는 것을 강력하게 시사하고 있습니다.

사악한 영들이 하는 일은 무엇인가?

우리는 천사에게도 계급이 있고 타락한 천사에게도 계급이 있다는 것을 성경을 통해 배웠습니다. 사탄은 타락한 천사들을 통제하며, 그들은 통치자들과 지도자들, 각 국가의 높은 권세를 가진 사람들을 통제합니다. 그리고 죽은 불신자들의 귀신들은 그들의 부하로 일합니다. 이 악한 영들은 적어도 예수님이 다시 오실 때까지 땅을 배회하며 사람들

을 괴롭히고 있습니다.[14)]

사도 바울은 이 흑암의 통치자들이 얼마나 큰 영향력이 있는지 알려줍니다.

> 우리의 씨름은 혈과 육에 대한 것이 아니요
> 정사와 권세와 이 어두움의 세상 주관자들과 하늘에 있는
> 악의 영들에게 대함이라
>
> 에베소서 6:12, 개역한글

이것은 무엇을 의미할까요? 정사와 권세는 사탄의 계략을 대중에게 선전하는 대통령이나 왕, 거짓 설교자, 수행자 등 지상에서 권세를 가진 통치자를 말합니다. 어두움의 세상 주관자들과 악의 영들은 사탄과 그의 천사들과 귀신들(죽은 불신자들의 영들)을 묘사합니다. 귀신들은 살아있는 사람의 내면으로 들어가길 갈망하며 땅을 배회합니다. 예수께서 귀신의 행동에 대해 말씀하신 것을 살펴보겠습니다.

> **더러운 귀신이 사람에게서 나갔을 때**에 물 없는 곳으로
> 다니며 쉬기를 구하되 쉴 곳을 얻지 못하고 이에 이르되
> 내가 나온 내 집으로 돌아가리라 하고 와 보니
> 그 집이 비고 청소되고 수리되었거늘 이에 가서 저보다 더
> **악한 귀신 일곱을 데리고 들어가서 거하니** 그 사람의 나중
> 형편이 전보다 더욱 심하게 되느니라
> 이 악한 세대가 또한 이렇게 되리라.
>
> 마태복음 12:43~45

귀신은 쉴 곳을 찾기 위해 땅을 배회합니다. 인체는 그들의 안식처입니다. 이 비유에서 예수께서는 귀신이 사람의 몸에 들어와 그것을 차지한다고 말씀하십니다. 그리고 그 귀신이 쫓겨난다 해도 그 마귀를 대적하고 정복할 수 있는 강한 믿음이 없으면 그보다 더 많은 일곱 귀신이 그 사람의 내면에 들어갈 것입니다. 그리고 그 악한 영들은 그를 대신하여 사탄의 계획을 수행하도록 영향을 미칠 것입니다.

그러나 예수님은 이 비유를 통해 다른 사람과 우리 자신에게서도 귀신을 쫓아내는 것이 가능하다고 말씀하십니다. 그리고 그분의 사역을 통해 우리도 그렇게 해야 함을 알 수 있습니다.

> 그의 소문이 온 수리아에 퍼진지라.
> 사람들이 모든 앓는 자
> 곧 각종 병에 걸려서 고통 당하는 자, **귀신 들린 자**,
> 간질하는 자, 중풍병자들을 데려오니 그들을 고치시더라.
>
> 마태복음 4:24

당신이 영적으로 자유롭게 사랑하고 즐겁게 살도록 하는 것은 하나님의 계획의 일부입니다. 귀신을 쫓아내는 것은 예수님의 사역의 일부였으며 오늘날에도 여전히 역사하고 있습니다.

귀신을 쫓아내는 방법

여러분이 쓰레기 매립장에 있는 파리 떼에 발을 들여놓았다고 칩시다. 아무리 파리를 쫓아낸다고 하여도 결국 항상 돌아오기 때문에 아무 소용이 없을 것입니다. 쓰레기를 치우지 않고서는 파리가 돌아오는 것을 막을 방법이 없기 때문입니다. 결국 쓰레기를 치워야 해결될 일입니다. 예수께서 비유를 통해 우리에게 말씀하셨듯이, 악한 영에게 괴로움을 받는 사람들에게도 동일한 원칙이 적용됩니다. 악마가 계속 맴도는 근본적인 문제를 다루기 전까지는 여러분 스스로 그들을 제거할 수 없습니다.

저희는 사역자로서 귀신을 내쫓는 축사 사역에 많은 경험이 있습니다. 저희 필자는 귀신들로부터 사람들을 수차례 구해낸 경험이 있기 때문에 그들이 얼마나 실제로 존재하는지 증언할 수 있습니다. 구원사역을 하면서 시간이 지남에 따라 세 가지 기준이 충족되면 작업이 훨씬 수월해짐을 알았습니다. (1) 귀신에 홀린 사람의 단호하고 강한 의지 (2) 어린 시절 트라우마의 발견 및 치료 (3) 내면의 상처 치유. 이 세 가지 모두가 항상 필요한 것은 아니지만 귀신을 내쫓고자 하는 강한 의지는 구원사역자의 간절한 기도와 함께 예수 그리스도의 강한 권능으로 귀신을 충분히 억눌러 떠나게 할 수 있습니다.

일반적으로 축사 세션이 시작되면 여러 목사님들이 모여서 귀신 들린 사람을 중심으로 원을 그리며 찬양을 부르고 기도하곤 합니다. 그리고 하나님의 성경 말씀을 전할 때, 귀신들이 종종 그들의 존재를 나타냅니다. 때로는 여자를 통해 남자의 목소리가 나오거나 그들의 눈이 흰 자만 볼 수 있을 정도로 뒤집히기도 하고, 때로는 몸이 심하게 떨리거나 여러 사람이 제압할 수 없는 초자연적인 힘을 보이기도 합니다. 그러한 현상이 길어지면 축사 사역 모임이 밤새 계속되거나 하루 이상 지속됩니다.

귀신들에게 "주 예수 그리스도의 이름으로 나오라"고 말하지만, 그렇게 쉽게 나오지는 않습니다. 시간이 지날수록 목회자들은 매우 피곤

하고 지쳐가며 마음을 다하고 뜻을 다하여 기도하는 것이 결코 쉬운 일이 아니기 때문에 그만두고 싶을 때도 많습니다. 때로는 기도할 때, 허리가 조여지고 극심한 고통을 느끼기도 합니다. 그런 힘든 과정을 통해 귀신이 떠났다고 생각할 수 있지만, 불과 몇 분 후에 똑같은 귀신의 모습이 나타나기도 합니다. 귀신이 떠났다가 다시 돌아오는 경우가 많이 있습니다.

여러분도 상상할 수 있듯이 구원사역은 어렵고 위험합니다. 구원사역 중에 사람이 죽을 수도 있습니다. 연약한 여인을 둘러싸고 기도하고 하나님을 찬양하는 몇몇 신도들의 이야기를 읽은 적이 있습니다. 귀신들이 거세게 나타나기 시작했고 연약한 여성임에도 육체적으로 매우 강해질 수 있었기에 몇몇 남자들이 그녀가 통제 불능 상태가 되는 것을 막기 위하여 그녀의 팔을 잡아야 했습니다. 어떤 사람들은 그녀의 다리를 잡아야 했는데, 그러던 중 한 남자가 그녀의 갈비뼈를 너무 세게 눌러 심장과 폐를 압박하였고, 여인은 결국 사망했습니다. 그로 인해 관련 목회자들은 감옥에 가게 되었습니다. 이러한 불행한 사고의 가능성 때문에 저는 구원사역 중 물리적인 힘을 사용하는 것을 절대 권장하지 않습니다.

어떤 사람이 귀신에게 사로잡히는가?

저희는 구원사역자로서 왜 귀신이 특정 사람에게 들리는지, 어떤 사람이 그렇게 되는지 알아보기 위해 많은 연구를 했습니다. 저희는 귀신이 사람의 영(마음과 뜻)에 들어와 마음대로 그 사람을 다스릴 수 있다는 것을 압니다. 의지가 약할수록 귀신이 통제하기 쉽습니다. 반면에 의지가 강한 사람은 쉽게 귀신에게 지배당하거나 빙의되지 않습니다.

사람의 의지는 대개 어린 시절에 약하고 나이가 들수록 강해집니다. 따라서 특히 신체적, 성적 또는 정서적 학대와 같은 충격적인 경험을 한 어린이들에게 귀신이 들어가기가 쉽습니다. 귀신은 즉시 나타나거나, 혹은 오랫동안 휴면 상태를 유지하다가 성인이 되어서 나타날 수 있습니다.

귀신 들린 사람은 귀신의 뜻이 사실은 자신의 뜻인 줄 착각하는 경우가 많습니다. 그렇기 때문에 구원사역자는 대상자에게 트라우마 같은 경험을 통해 귀신이 들어올 수 있는 가능성을 설명해야 합니다. 귀신 들린 사람이 자신의 빙의를 둘러싼 상황을 이해하지 못하면, 종종 자신이나 다른 사람에게 화를 낼 수 있고 스스로 귀신을 붙들고 있기 때문에 구원사역을 매우 어렵게 만듭니다.

실제로 귀신이 그 문제의 근원인데 귀신 들린 사람이 그것을 모르고 본인 자신이 문제라고 믿는다면 쫓아낼 수 있는 방법이 많지 않습니다. 그럴 경우, 목사가 아무리 귀신을 예수 그리스도의 이름으로 나오라고 하여도 나오지 않습니다. 그러므로 귀신에게 붙잡힌 당사자의 상황을 설명하고 예수 그리스도의 이름으로 스스로 악귀를 쫓아낼 수 있도록 돕는 것이 중요합니다. 이 방법은 어린아이들도 할 수 있을 정도로 매우 효율적입니다.

귀신 들린 어린 소녀

혼자 화장실에 가기를 꺼리는 여덟 살 된 소녀의 이야기를 소개하겠습니다. 그녀의 어머니는 딸이 화장실 갈 때마다 화장실 문 뒤에 계셨습니다. 소녀는 화장실 안에 있는 동안 어머니에게 "엄마, 거기 계세요?"라고 자주 소리쳤습니다. 그러면 어머니는 "응, 여기 있어."라고 대답했고 그녀가 대답하지 않으면 소녀는 화를 냈습니다.

어느 날, 어머니는 학교에 있는 그녀를 평소보다 늦게 데리러 가게 되었는데, 소녀가 많은 사람 앞에서 화를 내는 바람에 어머니는 학교 관계자들에게 사과해야 했습니다. 딸의 상태가 심각하다고 판단한 어머니는 도움을 청하러 왔고, 소녀와 처음 상담을 한 후, 놀라운 사실이 발견되었습니다.

그 소녀는 몇 달 전에 엘리베이터 안에 몇 시간 동안 혼자 갇혀 있었다고 말했습니다. 구원사역을 하는 상담자는 그 소녀가 엘리베이터에 갇혀 있는 동안 귀신이 소녀의 영혼에 들어왔고 계속 그녀를 괴롭히고 있다고 설명했습니다. 상담자는 소녀에게 귀신을 미워하고 자신에게서 떠나 더 이상 괴롭히지 않도록 명령하라고 조언했습니다. 소녀는 어렸지만 충분히 이해하고 그 지시를 따랐습니다.

상담자와 함께 찬양을 부르고, 감사를 드리고, 죄를 고백하며 약 5분 동안 그 소녀와 함께 이렇게 기도했습니다.

"높고 위대하신 하나님! 저희는 전능하신 하나님의 이름을 찬양합니다. 저희에게 생명과 구원을 주심에 감사하며 또한 일용할 양식을 주심에 감사드립니다.

저희의 죄를 고백합니다. 하나님의 말씀대로 살려고 하면서도 여전히 죄를 짓고 있는 저희를 용서해 주십시오.

이 어린 소녀를 위해 기도합니다. 사고로 인해 귀신이 그녀의 영혼에 들어왔습니다. 예수님의 이름으로 귀신을 쫓아내 주시길 간절히 바랍니다.

예수의 이름으로 명하노니 악하고 더러운 영이 이 어린아이에게서 나오라!

하나님, 감사합니다. 아멘"

소녀는 자신이 귀신을 미워한다는 의지를 표현했고 자기에게서 귀신이 나가기를 단호히 명하며 예수 그리스도께 기도했습니다. 기도 후, 그 결과로 소녀는 더 이상 혼자가 되는 것에 대하여 두려워하지 않게 되었습니다.

귀신 들림과 정신 질환의 차이

실제로 귀신이 들어간 것에 대해 여전히 믿지 못하는 사람들이 있을 수도 있습니다. 특히, 귀신을 쫓아내기 위해 사용하는 저희의 방법이 지그문트 프로이트의 정신분석 기법과 트라우마 치료법과 유사하기 때문에 그렇게 생각할 수도 있겠습니다. 그러나 과학은 귀신의 존재를 증명할 수 없기 때문에 프로이트 기법과 같은 이성적 마음이 이해할 수 있는 것에는 한계가 있습니다. 실제로 귀신이 여러분의 눈앞에 나타나면 심리학적 접근만으로는 그 사람의 문제를 해결할 수 없다는 것을 즉시 깨닫게 될 것입니다. 귀신 들림은 근본적으로 정신 문제와 다릅니다. 정신 질환의 외양과 비슷해 보일 수 있지만 둘 사이에는 결정적인 차이가 있습니다.

정신 질환은 뇌 손상으로 인해 발생합니다. MRI와 CT 촬영은 이를 쉽게 증명할 수 있습니다. 그러나 귀신 들린 사람의 뇌는 보통 사람과 다르지 않습니다. 즉, 사람의 뇌가 손상되지 않았음에도 불구하고 끔찍

한 행동이나 기타 증상이 나타나면 귀신이 사람의 마음을 조종하고 있다는 것 외의 진단은 어렵습니다. 이럴 경우, 정신 질환과 비슷한 증상은 귀신 들림의 결과입니다.

귀신 들린 사람이 병원으로 옮겨지면 어떻게 될까요? 대부분의 병원에서는 귀신 들린 사실을 인정하지 않기 때문에 심리학자는 "신경 장애"라는 일반적인 진단을 내립니다. 하지만 그러한 진단은 매우 잘못된 조언입니다. 또한 실제 뇌 손상을 입은 정신병자들을 구원사역 목회자에게 데려가는 것도 유해한 치료 방법이 될 것입니다. 물론 우리는 그들의 치유를 위해 기도할 수 있지만, 그들은 병원에서 해부학적 질병을 다루는 전문 의사에게 치료를 받아야 합니다.

또한 일부의 비정상적 생각과 이상 행동은 의학적으로 기록될 수 없다는 것도 알고 있어야 합니다. 예를 들어, 자기 아내에 대한 병적인 의심으로 고통 받는 이유를 진정으로 이해할 수 있는 사람은 아무도 없습니다. 필자가 잘 아는 한 지인은 이런 이유로 아내와 이혼했습니다. 그의 집착은 자신의 삶과 두 세대를 망쳤습니다. 결국 그의 쌍둥이 두 아들은 아버지처럼 매우 폭력적으로 자라서 인생에서 많은 것을 성취한 적이 없는 사람이 되었습니다. 의학이 그의 문제의 원인을 알아낼 수 있다면 치료법이 있었겠지만, 그들은 그것을 알아낼 수 없었습니다.

수년간의 경험을 통해 알게 된 것이 있는데, 정신적 문제로 보이는 문제들을 구원사역을 통해 해결할 수 있다는 것입니다. 예를 들어, 동성애의 경우 여자의 영이 남자에게 들어와 여자처럼 행동하거나 생각하게 만듭니다. 반대로 남자의 영이 여자에게 들어와서 여자가 정말 남자인 줄 착각하게 하기도 합니다. 이것이 성경에서 말하는 "우리의 씨름은 혈과 육을 상대하는 것이 아니요 정사와 권세와 이 어두움의 세상 주관자들을 상대함이라(엡 6:12)"를 의미하는 것입니다. 귀신의 목적은 그들이 거하는 사람을 하나님과 영원히 분리하여 영원한 죽음으로 인도하는 것입니다. 그들은 성경을 잘 알기 때문에 이렇게 하는 방법을 잘 알고 있습니다.

불의한 자가 하나님의 나라를 유업으로 받지 못할 줄을
알지 못하느냐. 미혹을 받지 말라. 음행하는 자나,
우상 숭배하는 자나, 간음하는 자나, 탐색하는 자나,
남색하는 자나, 도적이나 탐욕을 부리는 자나,
술 취하는 자나, 모욕하는 자나, 속여 빼앗는 자들은
하나님의 나라를 유업으로 받지 못하리라.

고린도전서 6:9~10

알 것은 이것이니,
율법은 옳은 사람을 위하여 세운 것이 아니요.
오직 불법한 자와 복종하지 아니하는 자와
경건하지 아니한 자와 죄인과 거룩하지 아니한 자와
망령된 자와 아버지를 죽이는 자와 어머니를 죽이는 자와
살인하는 자며 음행하는 자와 **남색하는 자**와
인신매매를 하는 자와 거짓말하는 자와
거짓 맹세하는 자와
기타 바른 교훈을 거스르는 자를 위함이니

디모데전서 1:9~10

여러분은 사람들이 하나님의 왕국에 들어가는 것을 막는 중대한 죄 목록 중에 동성애가 포함된 이유가 궁금할 것입니다. 서로 사랑하는

사람인데 당연히 결혼하는 것을 허락해야 하지 않겠습니까? 그러나 우리는 그러한 행위가 하나님의 도덕관의 일부가 아님을 성경을 통해 배웁니다. 그분에게 동성애는 사랑으로 헌신하는 관계 내에서도 진정한 사랑으로 인정되지 않습니다. 왜 그럴까요?

사랑의 하나님이 동성 간의 사랑을 반대하시는 이유는 무엇인가?

전 세계 국가들이 점점 동성애 결혼을 승인하고 있기 때문에 성경이 시대에 뒤떨어져 있거나 세상과 관련 없어 보일 수 있습니다. 그러나 인간을 위한 하나님의 계획은 변하지 않았습니다. 창세기 2장에서 하나님은 두 가지 주된 이유를 위해 특별히 남자와 여자 사이의 결혼을 창조하셨습니다. 그것은 그들에게 그분의 놀라운 내적 가치와 인격, 성품, 즉 그분의 사랑에 대해 가르치기 위함입니다. 그리고 생육하고 번성하기 위해서입니다. 하나님의 사랑의 완전한 정의는 무조건 주는 것입니다. 아담 혼자서는 그런 사랑을 이해할 수 없었습니다. 그래서 하와는 아담을 돕기 위해 조건 없이 베푸는 조력자가 되었습니다. 아담은 아이를 낳고 나서야 비로소 아이에게 무조건적인 선물과 도움으로 진정한 사랑이 무엇인지 깨달았습니다. 그것이 바로 자녀에 대한 부모의 희생적인 사랑입니다.

또한 하나님은 인간이 부모로서 그들의 자녀에게 하나님의 놀라운 내적 가치와 인격, 성품 등을 가르칠 수 있도록 결혼을 창조하셨습니다. 자녀를 갖고자 하는 이러한 열망은 전 인류에 있어서 보편적 가치관입니다. 하나님은 "생육하고 번성하라"고 말씀하셨습니다. 그러나 사탄은 항상 하나님의 의견과 반대로 합니다. 그는 인류에 대한 하나님의 목표를 재설계하고 동성애를 통해 인간이 올바르게 번식하는 것을 방해하려고 합니다. 남성(및 여성) 동성애자는 그들 사이에서 아이를 낳을 수 없기 때문입니다. 게다가 동성애 관계로 인한 HIV 바이러스를 통해 전 세계 수백만 명의 사람들이 사망했습니다.

한 국가의 구성원들이 사탄의 계획을 따를 때도 하나님은 기뻐하지 않으십니다. 노아 시대의 사람들과 소돔과 고모라 성읍 사람들 모두 성경에서는 악인이라고 규정합니다. 그들이 무엇을 하고 있었나요? 많은 유대 학자는 노아 시대의 남자들이 정기적으로 남자들과 결혼 계약을 맺었다고 말합니다. 만약 이 주장이 사실이라면 동성애는 오늘날의 많은 나라와 같이 국가적 차원에서 승인했을 것입니다. 동성애는 소돔과 고모라에서도 만연했습니다(창 19:4~5). 그리고 하나님은 동성애를 가증한 것으로 선언하셨기 때문에 이 도시에 있는 사람들을 악인이라고 부르셨습니다.

너는 여자와 동침함 같이 남자와 동침하지 말라
이는 가증한 일이니라

레위기 18:22

누구든지 여인과 동침하듯 남자와 동침하면
둘 다 가증한 일을 행함인즉 반드시 죽일지니
자기의 피가 자기에게로 돌아가리라

레위기 20:13

물론 대부분의 국가 지도자는 동성애에 관한 하나님의 말씀에 동의하지 않습니다. 버락 오바마 전 미국 대통령이 동성 결혼을 지지하는 미국 대법원의 판결을 높이 평가했고, 태국의 수도 방콕에서는 트랜스젠더 여성(여성이 되기 위해 수술을 받은 남성)이 정부에서 승인한 "제3의 젠더"로 쇼핑몰이나 거리에 자랑스럽게 모습을 드러내고 있습니다.

이 남자들은 왜 다른 남자들과 섹스하기 위해 남성다움을 잃는 수술을 받을까요? 과연 그러한 현상의 배후에는 누가 있을까요? 사탄입니다. 200년의 선교 역사를 가진 태국은 지금까지도 개신교 신앙인들이 전체 인구의 0.5%가 채 안 됩니다. 이러한 사실을 생각해 보면, 태국에서 사탄의 역사가 강하게 나타나고 있다는 점을 부정할 수 없습니다. 이렇듯 사탄은 하나님께서 계획하신 가정의 기본 구조와 목적이 불명예스럽게 되고 궁극적으로 영적인 파괴를 야기하고 있습니다. 동성애를 실천하는 사람들 중에는 예수 그리스도를 믿고 따른다고 공개적으로 발표하는 가톨릭 신부 및 장로교 목사, 또 여러 교파의 기독교 목사가 있습니다. 그러나 참된 믿음은 하나님이 말씀하신 대로 행하는 것입니다. 우리는 기상 캐스터가 비가 온다고 하면 젖기 싫어서 우산을 들고 집을 나섭니다. 마찬가지로, 우리가 하나님께서 동성애를 싫어하신다는 것을 안다면, 하나님을 사랑하고 그분의 마음을 상하게 하고 싶지 않다는 올바른 자세를 가지고, 그분에 반한 불순종의 결과를 겪지 않도록 노력할 것입니다.

동성애가 하나님의 도덕관에 어긋난다는 사실을 아는 것은 동성애가 사탄의 의식의 일부라는 것을 이해하는 데 도움이 됩니다. 그리고 그러한 이해가 우리에게 그것을 피하라고 지시할 것입니다.

그렇다면 우리는 동성애의 영으로 괴로워하는 사람들을 어떻게 도울 수 있을까요?

동성애자의 영을 쫓아내기

저는(James Yoon) 우리 교회 잔디밭에서 30세의 한국 청년인 매트(Matt)를 처음 만났습니다. 어느 날 밤늦게 사무실에서 일을 하고 있는데 밖에서 누군가 외치는 소리가 들렸습니다. 무슨 일인지 밖에 나가 보니 한 남자가 머리를 잡고 미친 듯이 걸어 다니며 "귀신들아, 꺼져!"라고 외치고 있었습니다.

저는 즉시 그를 불러 사무실로 인도하고 기도했습니다. 저는 그의 머리에 손을 얹고 귀신들에게 그에게서 나오라고 명령하였습니다. 그 남자는 제가 조금만 더 기도하면 그들이 나올 것이라고 말했고 아마 그 남자와 한 시간 정도 기도했을 것입니다. 온 힘을 다해 기도하니 땀이 많이 났고 허리는 극심한 통증에 시달렸습니다. 그 남자는 계속해서 귀신들이 나온다고 하면서 저에게 계속하라고 요구했지만 제 몸은 이미 한계에 다다른 상태였습니다.

그 순간 하나님께서 제 마음에 "이것이 아니라"라고 말씀하셨습니다. 저는 매트에게 "우리는 기도를 그만둬야 합니다."라고 말했습니다. 하지만 그는 계속해서 "귀신들이 나오려고 하는데 왜 기도를 중단합니까?"라면서 의문을 제기했습니다.

저는 "하나님이 그만하라고 했습니다."라고 대답하며 물어봤습니다. "귀신이 당신에게 들어갔을 때 당신은 무엇을 하고 있어나요?"라고 묻자 매트는"집에서 텔레비전을 보고 있었어요."라며 잔뜩 동요하는 목소리로 "귀신들이 계속 저를 동성애자라고 부르며 동성애 때문에 얼마 전에 친구 아버지를 죽게 만들었습니다"라고 대답했습니다.

저는 그가 매우 혼란스러워했음을 알 수 있었습니다. 그날 밤에 있는 구원사역 행사를 미룰 수 없어 다시 그의 집에서 만나자고 약속했고,

며칠 후 저는 다른 목사님과 함께 매트를 방문했습니다. 저는 그에게 귀신 들림의 원리를 설명하고 그가 어렸을 때 트라우마를 겪은 경험이 있는지 물어보았습니다. 그는 처음에는 아무것도 인정하지 않았지만 몇 분 후에 그의 스토리를 공유하기 시작했습니다.

매트가 7살이었을 때, 그의 어머니는 실수로 그의 사타구니 부위에 뜨거운 수프를 부어 심각한 화상을 입혔습니다. 이것은 그를 너무 창피하게 하여 그 후 그는 (한국인들이 자주 찾는) 대중목욕탕에 가지 않았고, 여자를 만나는 것을 두려워했기에 자신이 동성애자라는 생각을 하게 되었습니다. 그 믿음은 주변에서 일어난 모든 잘못된 일이 자신 때문에 일어났다는 죄책감으로 이어졌습니다. 그는 다른 사람들과 거리를 두었고 대부분의 시간을 혼자 보내면서 공포 영화나 그런 부류의 책들을 읽었습니다.

그의 말을 들은 후 저는 "어린 시절의 그 트라우마를 통해 귀신이 당신의 영혼에 들어와 지금까지 마음을 혼란스럽게 했어요. 당신은 아무 잘못도 하지 않았지만 이 악한 영들에게 속았습니다. 이제 그들의 정체가 드러났으니 저와 함께 기도로 쫓아낼 수 있습니다."라고 설명했습니다.

그리고 우리는 함께 찬양을 부르고, 감사를 드리고, 죄를 고백하고, 간구하였습니다. 그 후 그는 고통스러운 영이 없는 평범한 사람으로 돌아갔습니다.

많은 사람에게 귀신이 들어갈 수 있는데, 특히 어릴 때 귀신이 들어가는 경우를 정신과 의사들은 일반적으로 트라우마라고 하지만 영적으로 볼 때는 귀신이 들어간 경우가 많습니다.

귀신이 아이들에게 들어가는 예로는 어린아이들이 학대나 폭행을 당했을 때 많이 일어나며, 부모의 이혼, 혹은 부모와의 헤어짐 등을 통한 마음의 큰 상처를 귀신이 공격하는 경우가 많습니다. 교통사고나 물에 빠져서 크게 놀란 경우도 일반적 정신적 트라우마가 아닌 귀신의 공격이라고 볼 수 있습니다. 제가 아는 교회의 한 청년은 어렸을 때 엘리베이터에 2시간 정도 갇힌 경험 때문에 그 후 높은 곳에 가면 큰 공포감을 갖게 되는 경우도 있었습니다.

얼마 전 케냐에서 있었던 일을 소개하겠습니다. 저희 선교팀은 케냐에서 라디오 복음 사역을 진행하며 매주 평균 3백만 명 이상이 복음을 듣고 있습니다. 방송 중에 동성애에 관한 질문이 들어와 동성애에서 벗어나는 방법을 전하였습니다. 그리고 일주일 후에 동성애 단체에서 연락이 왔습니다. 그 단체에 속한 여러 명의 동성애자들이 자신의 처지를 비관하며 벗어나려고 애썼지만 소용이 없었기에 고통 속에 살아가고 있다며 자신들을 도와줄 수 있냐는 문의가 왔었습니다.

우리는 즉시 그들에게 모임을 갖자고 제안하여 약 90명의 동성애자들이 모였습니다. 우리는 어떻게 그들에게 동성애의 영이 들어왔는지 설명했고, 영을 쫓는 법을 전하였습니다. 그들 중에 여러 명은 저희들을 비웃었고, 우리가 어떻게 하는지 구경을 하였습니다. 저희는 먼저 그들이 어렸을 때 당한 여러 가지 충격과 고통을 떠올리게 하였고 그 때 동성애의 영이 들어갔다고 설명하였습니다.

여러 사람들이 자신 안에 동성애의 영이 있다는 것을 깨닫고 그 영들에게 지배당하고 있다는 사실을 알게 되었습니다. 우리는 먼저 오직 예수만이 동성애의 영들을 쫓아낼 수 있다고 설명하고 복음을 전하면서 그들이 예수님을 영접할 수 있도록 도왔습니다.

본인 스스로, 자신 안에 있는 영을 미워하고 저주하며, 사역자들과 함께 예수의 이름으로 기도하였을 때 많은 사람에게서 귀신이 쫓겨나오게 되었고 30여 명이 정상이 되었습니다. 안타깝게도 나머지 사람들은 우리의 가르침에 의문을 품고 예수님을 형식적으로만 영접하였습니다.

우리는 여태껏 귀신을 쫓는 축사 사역을 하면서 많은 실수도 경험하였습니다. 귀신들린 자를 앞에 두고 여러 사람이 둘러앉아 찬양과 기도로 귀신을 쫓았습니다. 당시에는 귀신들이 정체를 드러내고 나가는 듯 보였지만, 오래 지나지 않아 귀신들에게 다시 사로잡히는 경우도 있었습니다. 축사 사역을 할 때 특별히 기억해야 하는 사항이 있습니다. 어릴 때 들어간 귀신이 오랜 세월 사람과 함께하다가 사람의 의지와 귀신의 의지가 거의 하나가 되는 경우가 있습니다. 그래서 귀신들린 사람은 자신의 의지가 자신만의 의지라고 믿고, 귀신과의 의지와 합쳐진 것임을 모르는 경우가 허다합니다.

우리가 귀신을 쫓을 때, 예수 이름으로 쫓겨나야 합니다. 그런데 문제는 당사자 스스로 귀신을 붙잡고 있다는 사실입니다. 그래서 축사자들이 예수의 이름으로 귀신을 내쫓을 때 귀신은 손을 놓았지만, 귀신들린 사람은 여전히 귀신의 손을 붙잡고 있습니다. 그래서 귀신이 나가지 않습니다, 아니 귀신이 나가고 싶어도 못 나갑니다. 자신이 귀신의 손을 꼭 잡고 있기 때문입니다. 그래서 귀신과 자신을 먼저 분리해야 합니다.

어렸을 때의 충격으로 귀신이 들어간 순간부터 오랫동안 함께 살아서, 귀신과 한 덩어리가 되어 귀신이 주는 생각에 빠져버린 자신을 분리해야 합니다. 그것은 오직 본인의 강한 의지가 있어야 합니다. 귀신이 나에게 들어왔다는 것은 귀신의 의지와 성품이 나에게 들어왔다는 것입니다. 이는 자신의 의지가 약한 사람에게 귀신이 들어오기 쉽기 때문입니다. 그래서 어릴 때, 그리고 의지가 약할 때, 귀신이 들어옵니다.

본인이 의지가 약할 때에, 심한 충격으로 귀신이 들어와 나와 오랫동안 함께 해왔다는 사실을 먼저 깨달아야 합니다. 그리고 귀신의 의지와 나의 의지를 분리하는 작업, 즉 내 안에 있는 귀신을 미워하고 저주하고, 귀신이 주던 생각과 즐거움을 버리고, 나에게서 떠나기를 명령해야 합니다. 물론 먼저 예수님을 나의 구주로 영접하고, 예수의 이름으로 쫓아야 합니다. 정신과 의사들이 말하는 트라우마를 끄집어내어 강한 의지로 귀신을 미워하고 예수 그리스도 이름으로 내쫓아야만 성공적인 축사 사역이 가능합니다.

우리는 사탄의 권세 아래에 있는 악한 영들이 우리의 삶을 어떻게 파멸시키려 하며 또 귀신들을 어떻게 쫓아낼 수 있는지 보았습니다. 이제 타락한 천사들이 오늘날 우리에게 어떻게 영향을 미치며 우리가 그것에 대해 무엇을 할 수 있는지 수천 년 전에 살았던 사람들의 역사를 통해 살펴보겠습니다.

Chapter 5

고대 거인들이 오늘날 우리 삶에 끼치는 영향

앞 장에서 저는 메시아의 도래를 방해하기 위해 사탄이 인류의 혈통을 더럽혀 거인을 만들었다는 스토리를 소개한 바 있습니다. 거인들에 대한 성경 스토리에는 다양한 있습니다.[15] 이러한 내용 때문에 어떤 사람들은 성경을 우화처럼 취급합니다. 그러나 성경이 성령의 감동으로 된 무오하고 무결점의 하나님의 말씀이라고 믿는 기독교인들에게 거인들의 스토리는 그들의 믿음에 혼란을 야기할 수 있는 문제가 되기도 합니다. 이렇게 성경을 우화적으로 취급하는 사람들에 대한 대응책으로써 이 거인들이 누구이며 오늘날 우리 삶에 어떤 영향을 미치는지 자세히 살펴볼 필요가 있습니다.

성경 시대 거인의 존재에 관한 다음 구절을 살펴보겠습니다.

사람이 땅 위에 번성하기 시작할 때에
그들에게서 딸들이 나니, 하나님의 아들들이 사람의
딸들의 아름다움을 보고 자기들이 좋아하는
모든 여자를 아내로 삼는지라.
여호와께서 이르시되
나의 영이 영원히 사람과 함께 하지 아니하리니
이는 그들이 육신이 됨이라

그러나 그들의 날은 백이십 년이 되리라 하시니라.
당시에 **땅에는 네피림**이 있었고
그 후에도 **하나님의 아들들**이
사람의 딸들에게로 들어와 자식을 낳았으니 그들은 용사라
고대에 명성이 있는 사람들이었더라

창세기 6:1~4

거기서 **네피림 후손인 아낙 자손의 거인들**을 보았나니
우리는 스스로 보기에도 메뚜기 같으니
그들이 보기에도 그와 같았을 것이니라

민수기 13:33

일부 성경의 번역판에서는 히브리어 "네피림(Nephilim)"을 "거인"으로 번역합니다. 하지만 이 단어의 히브리어 어근인 "네팔(Nephal)"을 알아야 우리가 그들의 진정한 정체를 이해하는 데 큰 도움이 됩니다. 네팔(Nephal)은 "타락(fall)"을 의미합니다. 접미사 "im"은 단어를 복수형으로 만듭니다. 따라서 네피림은 "타락한 자들"이라는 뜻입니다.

또한 일부 신학자들은 네피림이 실제 인간 거인이 아니라 잔혹한 고대 전사들의 집단이라고 주장합니다. 마찬가지로, 개정 표준역(Revised Standard Version)과 일부 다른 성서 번역판에서는 네피림을 "거인"으로 번역하지 않기 때문에 거인이 존재하였다는 암시를 주지 않습니다. 그러나 킹 제임스 번역에서는 인간 거인이 실재한다는 것을 분명히 하기 위해 "거인"이라는 단어를 사용합니다. 실제 바산 왕 '옥(Og)'의 침상과 골리앗의 키를 보면 이것이 사실임을 알 수 있습니다.

르바임 족속의 남은 자는 바산 왕 옥뿐이었으며
그의 침상은 철 침상이라 아직도 암몬 족속의 랍바에
있지 아니하냐 그것을 사람의 보통 규빗으로 재면
그 길이가 아홉 규빗이요 너비가 네 규빗이니라[16)]

신명기 3:11

블레셋 사람들의 진영에서 싸움을 돋우는 자가 왔는데
그의 이름은 골리앗이요 가드 사람이라
그의 키는 여섯 규빗 한 뼘이요[17)]

삼상 17:4

옥 왕의 침대는 길이가 14피트(425cm), 너비가 6피트(182cm)였습니다. 골리앗은 키가 약 9피트(274cm) 9인치(23cm)였습니다. 성경에서 각 "규빗"은 약 18~20인치(45cm~50cm)이며, 팔꿈치에서 가운데손가락 끝까지의 길이입니다. 현대 세계에서 이 정도의 키를 가진 사람은 단 한 명도 없습니다. 또한 성경의 거인들은 키가 클 뿐만 아니라 그리스 신화에 나오는 짐승과도 비슷했습니다.

오직 사막의 들짐승들이 거기에 누우며
음울한 창조물들이 그들의 집들에 가득하고
올빼미들이 거기에 거하며
사티로스들(satyrs, 반인반수의 숲의 신)이 거기서 춤을 추고

이사야 13:21, 킹 제임스 흠정역

또한 거인은 여섯 개의 손가락과 여섯 개의 발가락을 가지고 있었습니다.

여전히 가드에서 다시 싸움이 있었고 거기에
키 큰 자 하나가 있었는데 그의 손가락과 발가락은
스물네 개로 **손과 발마다 여섯 개씩** 있더라.
그도 그 **거인의 아들**이었더라.

역대상 20:6, 킹 제임스 흠정역

어떻게 그런 거인들이 생겨났을까요? 히브리어 "네피림"이 타락한 자들을 의미할 수 있다는 것으로 추측하면, 타락한 천사들이 실제로 인간의 몸을 입고 성관계를 가질 수 있었던 것처럼 보이기도 합니다. 예를 들어, 우리는 창세기 19장에서 천사들이 먹고, 자고, 마시고, 입을 수 있다고 읽습니다.

저녁 때에 그 **두 천사**가 소돔에 이르니
마침 롯이 소돔 성문에 앉아 있다가 그들을 보고 일어나
영접하고 땅에 엎드려 절하며 이르되,
내 주여 돌이켜 종의 집으로 들어와 발을 **씻고 주무시고**
일찍이 일어나 갈 길을 가소서. 그들이 이르되 아니라
우리가 거리에서 밤을 새우리라. 롯이 간청하매
그제서야 돌이켜 그 집으로 들어오는지라. 롯이 그들을
위하여 식탁을 베풀고 무교병을 구우니 **그들이 먹으니라**

창세기 19:1~3, 개역개정

이렇듯 천사들은 인간이 하는 모든 행위를 다 할 수 있는 것으로 보입니다. 그렇다면 성관계도 당연히 가능했을 것입니다. 물론 천사들은 사명이 끝나면 영적인 존재로 하늘로 돌아가게 됩니다. 그러나 사탄과 그의 타락한 천사들은 인간의 모습으로 계속 남아 있었습니다. 창세기

6장에서 "하나님의 아들들(영으로 돌아가지 않고 육을 입은 타락한 천사들)"이 사람의 딸들과 성관계를 가졌다는 것을 볼 수 있습니다.

> 하나님의 아들들이 사람의 딸들의 아름다움을 보고
> 자기들이 좋아하는 모든 여자를 아내로 삼는지라
>
> 창세기 6:2

하나님의 아들들(the sons of God)은 누구인가?

많은 성서학자는 위의 구절에서 "하나님의 아들들"이 셋의 후손을 가리킨다고 가르칩니다. 셋은 죽은 아벨을 대신하여 아담과 하와의 의로운 아들이 되었습니다(창세기 4장). 학자들은 또한 위의 구절에서 "사람의 딸들"이 그의 형제 아벨을 죽인 가인의 후손이라고 가르칩니다. 다시 말해서, 이 해석은 셋의 의로운 아들들이 가인의 불의한 딸들과 결혼하여 큰 죄를 지었다고 가르칩니다. 그들은 이 불의한 결합이 거인을 낳는 타락한 유전적 돌연변이를 가진 죄 많은 자손을 낳았다고 말합니다. 그러나 많은 신학자가 성경의 어려운 구절을 합리적 측면에서 접근함에도 불구하고 비성경적 사고로 해석하는 경우가 있습니다. 바로 이러한 해석이 그 한 예라고 볼 수 있습니다. 그렇다면 성경에서 실제로 어떻게 기록되어 있는지 살펴보겠습니다.

그들은 타락한 천사인가?

예수님은 마태복음 22장 30절에서 하늘에 있는 그의 천사들에 대하여 "결혼하지 않는 영들"이라고 말씀하셨습니다. 그러나 유다서는 "하나님의 아들들"이 더 이상 그분의 천사가 아니라 처소를 떠난 천사, 즉 타락한 천사라는 분명한 증거를 제공합니다.

> 또 자기들의 처음 신분을 지키지 아니하고
> 자기들의 **처소를 떠난 천사들**을 큰 날의 심판 때까지
> 영존하는 사슬로 묶어 어둠 밑에 예비해 두셨는데
> 이것은 소돔과 고모라와 그것들의 주변 도시들이
> 같은 방식으로 자기를 음행에 내주고
> **낯선 육체(strange flesh)**를 따라가다가
> 영원한 불로 형벌을 당하여 본보기가 된 것과 같으니라
>
> 유다서 1:6~7, 킹 제임스 흠정역

유다서에 의하면 소돔과 고모라 사람들이 "낯선 육체(strange flesh, 천사)"와 성관계를 가지기 위해 죄를 범했던 사실을 상기시킵니다. 이것으로 육체를 입은 천사와 인간의 성관계가 가능했다는 점을 추리할 수 있고, 곧 자신들의 본 서식지를 떠나 땅으로 내려온 타락한 천사들이 존재했음을 알려줍니다.

또한 욥기에서 보이듯이 성경을 주의 깊게 조사해 보면 천사들이 "하나님의 아들들"이라고 불리는 장면이 여러 곳 발견됩니다.

> 하루는 **하나님의 아들**들이 와서 여호와 앞에 섰고,
> 사탄도 그들 가운데에 온지라
>
> 욥기 1:6

또 하루는 **하나님의 아들들**이 와서 여호와 앞에 서고,
사탄도 그들 가운데에 와서 여호와 앞에 서니

욥기 2:1

그 때에 새벽 별들이 기뻐 노래하며
하나님의 아들들이 다 기뻐 소리를 질렀느니라

욥기 38:7

사람의 몸을 취한 천사들에 관해서는 유다서 1장 7절과 히브리서 13장 2절에도 기록되어 있습니다. 이것은 창세기 6장 2절에 나오는 하나님의 아들들이 실제로 타락한 천사이며 셋의 자녀와 가인의 자녀가 교배된 것이 아니었다는 것을 이해하는데 도움이 됩니다. 그러면 사탄의 후손들이 어떻게 "유명한 사람"이라고 불릴 수 있었고 그러한 타이틀을 얻기 위해 무엇을 했을까요?

당시에 땅에 네피림이 있었고 그 후에도 하나님의
아들들이 사람의 딸들을 취하여 자식을 낳았으니
그들이 용사라 고대에 **유명한 사람**이었더라

창세기 6:4, 개역한글

답은 잃어버린 문명의 신비에 묻혀 있습니다.

드러난 고대 문명의 미스터리

이집트 전구. 바빌론 배터리. 이러한 고대 기술을 둘러싼 미스터리는 아틀란티스로 알려진 진보된 문명이 만 천 년 전에 존재했다는 가능

성, 또는 외계인이 인류에게 그러한 기술 발전을 위한 지식을 주입했다는 이론을 이끌어 냅니다. 특히 남미 인디언 동굴과 이집트 피라미드에 새겨진 비행접시의 이미지도 발견했다는[18] 사실은 사람들을 혼란스럽게 합니다. 그렇다면 하나님, 타락한 천사, 외계인 중 이 땅을 실제로 통제하고 있는 존재는 과연 누구일까요?

외계인 이론

외계인이 이 세계를 책임지고 있거나 큰 영향을 주었다고 믿는 사람들은 그리스와 로마, 북유럽 신화에 주목하는 경우가 많습니다. 이러한 신화에서는 신들이 지상의 여성과 초인간적인 아이를 낳는다고 이야기합니다. 그런데, 외계인 이론가들은 이 신화적인 신들을 외계인이라고 주장합니다. 수천 년 된 돌에 새겨진 우주선을 보면 설득력 있는 이야기처럼 보이겠지만 이러한 주장은 큰 결함이 있습니다.

신비한 고대 문명이 정말로 외계인의 영향을 받았다면, 어딘가에 외계인들에 관한 명백하고도 실체적 기록이 남아 있지 않을까요? 그러나 첨단 기술로 보이는 동굴 그림은 결국 바구니와 팔뚝에 불과하다는 것으로 밝혀졌습니다.[19] 오늘날 우리가 외계인의 영화를 만든다고 해서 외계인이 존재한다는 의미는 아닙니다. 동굴 그림은 외계인이 수천 년 전에 존재했다는 것을 알려 주지 않습니다. 즉, 우리는 사탄과 그의 악한 영들이 사람들에게 깃들어 외계인들이 우주선을 끌고 전구를 개발하는 것과 같은 놀라운 일을 했다고 믿도록 만들 수 있음을 생각해 볼 수 있습니다.

타락한 천사 이론

우리는 하나님의 아들(타락한 천사들)이 여자와 짝을 이루고, 타락한 거인인 네피림을 창조한 방법을 알아보았습니다. 타락한 천사들이 야수와 짝을 지었다는 사실을 믿는 것도 그리 어처구니가 없지는 않습니다. 하나님께서 동성애를 금지하신 것처럼 그러한 행위를 명시적으로 금지하셨기 때문에, 더더욱 그럴 가능성이 높습니다. 사탄은 하나님께서 하지 말라고 하신 일을 더 우선적으로 하기 때문입니다. 우리는 사탄의 이런 특성에 대해 확실히 알고 있습니다.

메시아의 도래를 막으려는 사탄의 음모와 계획은 이 혼합된 짐승들로 인류의 혈통을 더럽히고, 인간의 마음에 두려움과 혼란을 불어넣어 타락한 돌연변이를 신으로 숭배하도록 강요했습니다. 우리가 고대 세계의 신화에서 읽었던 신들이 바로 이 타락한 천사나 야수, 인간 돌연변이라고 해도 너무 큰 억측은 아닐 것입니다. 예를 들어, 그러한 잡종 교배는 미노타우로스(황소 머리를 가진 남자)와 메두사(머리에 뱀이 달린 날개 달린 여자)를 낳았을 것입니다. 이러한 다양한 돌연변이의 존재는 타락한 천사와 여자의 후손이 성경에서 말하는"유명한 사람"일 수 있다는 증명이 됩니다.

아틀란티스와 고대 문명의 멸망 뒤에 숨겨진 미스터리

이제 타락한 천사들의 관점에서 가상의 이야기를 만들어 봅시다.

영적 존재로서 타락한 천사들은 그들이 하강하기 훨씬 전에 우주를 횡단했을 가능성이 높으며, 만약 그랬다면 이는 지구인들에게 우주 과학에 대한 방대한 지식을 제공했을 것입니다. 그러한 지식과 능력으로 타락한 천사들의 후예 네피림은 인류를 지배하였고 찬란한 물질주의 문명을 창조했을 것입니다. 침몰한 아틀란티스 대륙이 실제로 존재했다면 피라미드 및 고대 기념물과 같이 그들에 의해 개발된 것 중 하나일 수 있습니다. 예를 들어, 우리는 페루의 300톤짜리 돌들이 멋진 건조물로 쌓아 올려져 서로 말끔하게 들어맞는 것을 발견하거나, 콜롬비아 골드 박물관(Gold Meseum of Comumbia)에 전시된 오늘날의 소형 제트기의 모형이자 천 년 전 유물인 "골든 제트(Golden Jet)" 펜던트을 발견합니다. 이 펜던트 디자인을 고안한 사람은 어디서 아이디어를 얻었을까요? 타락한 천사들로부터 발전되었던 것이 고대 신화처럼 전해 내려온 것이 아닐까요? 이것이 사실이라면 선진문명의 미스터리가 풀린 것이라고 할 수 있겠습니다.

네피림은 우주적 지식과 기술을 가지고 있었지만, 인간과 짐승을 혼합한 생명체를 만듦으로써 하나님의 피조물을 심하게 타락시켰습니다. 그리스의 패러디처럼 들리지만 오늘날 과학자들은 유전적 기형을 치료한다는 명목으로 인간 배아를 조작하고 염색체를 편집하고 있으며 동물의 DNA를 인간에게 삽입하는 등, 애초에 사탄이 도입한 "더 나은 인류"를 창조하고 있습니다. 이 목표에서 그들은 이미 동물을 복제하고 있으며 인간을 복제하는 것도 시간문제일 뿐입니다. 생각만 해도 등골이 오싹해집니다.

우리는 하나님께서 대홍수로 타락한 인류를 멸망시키신 노아와 같은 시대에 살고 있습니다. 하나님께서는 다시는 물로 인류를 멸망시키지 않겠다고 약속하셨지만, 성경은 심판의 날에 경건하지 않은 사람들이 모든 것을 소멸하는 불에 멸망될 것이라고 기록하고 있습니다.

이제 하늘과 땅은 그 동일한 말씀으로 불사르기 위하여
보호하신 바 되어 **경건하지 아니한 사람들의 심판과**
멸망의 날까지 보존하여 두신 것이니라.

베드로후서 3:7

이러한 사탄의 계획을 막기 위해 우리는 무엇을 할 수 있습니까? 우리는 과학이나 사탄의 계획인 “사악한 진보”에 참여하거나, 혹은 지원하는 것을 거부할 수 있고, 반대로 하나님의 계획에 온전히 참여할 수 있습니다. 2부에서는 이점에 대해 자세히 논의하겠습니다.

Chapter 6

해결된 노아의 대홍수 미스터리

고대 신화를 읽어 보면 우리는 고대 문화의 구전 전통을 배우게 되고 대홍수의 다양한 버전을 접하게 됩니다. 이런 이유로 비기독교인들은 유대 민족이 다른 문화에서 온 홍수 이야기를 노아의 방주 이야기에 접목했다고 주장합니다. 이것은 어느 정도 실현할 수 있게 들릴 수 있으며, 심지어 기독교인들에게도 혼동을 줄 수 있습니다. 그러나 반대로 우리는 다른 문화에서 전해지는 홍수 이야기가 오히려 노아의 방주에 대한 기록에서 채택되었다고 생각할 수 있습니다. 또한 그러한 가정은 사실일 가능성이 매우 높습니다. 에덴동산의 나무와 마찬가지로 기독교인들은 종종 노아와 대홍수 이야기에 대해 신앙적 도전을 받습니다. 이제 몇 가지 핵심 질문에 답하면서 성경의 진리에 대하여 검토해 보겠습니다.

노아는 어떻게 방주를 만들고 동물들을 돌보았는가?

노아는 어떻게 그처럼 고도로 발전되고 과학적인 (성서에 기록된 지침에 기초하여) 배를 만들 수 있었을까요?

너는 고페르 나무로 너를 위하여 방주를 만들되
그 안에 칸들을 막고 역청을 그 안팎에 칠하라.
네가 만들 방주는 이러하니,
그 길이는 삼백 규빗, 너비는 오십 규빗,
높이는 삼십 규빗이라.
거기에 창을 내되 위에서부터 한 규빗에 내고,
그 문은 옆으로 내고, 상 중 하 삼층으로 할지니라.

창세기 6:14~16

노아 시대에는 이미 피라미드와 단일체(monolithic) 구조가 건설되었고, 세상은 과학적 경이로움으로 가득 차 있었습니다. 따라서 건축 기술도 고도로 발달하여 이러한 거대한 부유 구조물을 만드는 데 큰 도움이 되었을 것이라고 쉽게 추정할 수 있습니다.

1큐빗의 성경적 치수를 18인치로 변환하면 길이 450피트(137.16m)×너비 75피트(22.86m)×높이 45피트(13.71m)인 방주가 나옵니다. 그러나 우리가 약 20인치의 긴 큐빗 길이(일부 역사가들이 제안하는 것처럼)를 사용하면 길이 500피트(152.4m)×너비 83피트(25.30m)×높이 50피트(15.24m)의 방주를 얻게 됩니다.[20] 어느 쪽이든 방주는 100야드(91.44m) 축구장보다 1.5배 이상 길었습니다. 창조과학자들의 계산에 따르면 3층으로 이루어진 이 거대한 노아의 방주는 각 종류의 동물을 대표하는 만 6천 마리의 동물을 수용할 수 있을 만큼의 충분한 크기였습니다.

노아는 어떻게 거대한 코끼리나 기린을 포함하여 모든 동물을 방주에 모을 수 있었을까요? 그 동물들이 완전히 성장하지 않은 어린 동물들이었을 가능성도 있었겠지만 그럼에도 방주 안에서 그들을 먹이고 통제하는 것은 매우 어려웠을 겁니다. 아마도 하나님께서 그들을 매우 긴 동면 상태로 두셨거나 노아가 에너지와 음식을 충분히 절약했고 물 주기와 먹이 주기 등 효율적인 기술을 사용했을 수도 있습니다.[21)]

지구에 40일 연속으로 비가 내리는 것이 정말 가능한가?

성경은 창세기 7장에서 깊은 바다의 샘과 하늘이 열려 땅이 범람했다고 기록하고 있습니다. 따라서 큰 비구름이 지표 아래의 물과 어떤 식으로든 충돌하여 모든 물이 헐거워질 수 있었던 것으로 믿어집니다. 물론 전능하신 하나님이 손으로 한 번만 휘저어 주신다면 그러한 폭풍을 일으킬 수 있었을 것입니다. 성경은 우리에게 최소한 한 가지 자연스러운 설명을 제공합니다.

일부는 거대한 유성이 지구의 취약한 지각을 강타하였고, 그로 인해 지표 아래의 깊은 샘이 범람했다는 이론을 제시합니다. 그리고 수많은 화산도 폭발했을 것입니다. 불타는 재는 아마도 무거운 구름과 합류하여 진흙 비를 쏟아부었을 것입니다. 40일 동안 계속되는 비와 함께 땅에서 솟아나는 물이 온 땅을 덮었습니다. 물의 엄청난 압력 때문에 지구의 지각이 변하여 오늘날의 높은 산의 대부분을 형성한 반면, 지구의 다른 지역은 수축하여 깊은 바다를 형성했을 것입니다. 홍수 이후의 땅은 결코 전과 같지 않았을 것입니다.

홍수가 죄의 문제를 해결하지 못함

대홍수는 사탄의 타락시킨 혈통을 끊어 없애고 세상을 정결케 하려는 하나님의 계획이었지만, 대홍수 이후에도 죄가 다시 땅에 퍼졌습니다. 더욱이 홍수로 모두 죽었어야 할 네피림이 여호수아나 다윗의 시대에도 다시 나타났습니다.

이것은 하나님의 계획이 실패했다는 것을 의미할까요?

죄를 퍼뜨린 족

성경은 노아가 "의로운 사람"이었다고 알려 줍니다. 하지만 성경은 그의 가족이 의로운지에 대한 여부를 언급하지 않고 있습니다. 그들이 의롭지 않다면 죄가 쉽게 세상에 다시 들어올 수 있다는 여지를 줍니다. 하나님이 이것을 모르셨을까요? 물론 알고 계셨을 겁니다. 그러나 하나님은 여전히 정의롭지 못한 가족원이 있음에도 불구하고, 노아의 가족을 모두 구원하시는 사역을 하셔서 땅을 다시 채우셨습니다. 창세기 3장 15절의 메시아에 관한 예언은 하나님께서 큰 홍수로 세상을 끝내려는 의도가 결코 없었다는 것을 보여 줍니다. 그의 계획은 항상 세상을 구원하기 위해 메시아이신 예수 그리스도를 보내는 것이었습니다. 그러므로 대홍수 이후의 인간의 타락은 이미 하나님이 알고 계셨다고 말할 수 있습니다. 그리고 결국 그 일이 벌어졌습니다.

육지로 돌아온 노아는 포도주를 너무 많이 마셨고, 그의 아들 함은 노아가 옷을 입지 않은 것을 발견했습니다. 함이 부끄러운 인사불성의 아버지를 본 스토리는 창세기 9장 20절~25절에 기록되어 있습니다.

노아가 농사를 시작하여 포도나무를 심었더니
포도주를 마시고 취하여 그 장막 안에서 벌거벗은지라.
가나안의 아버지 **함이 그의 아버지의 하체를 보고**
밖으로 나가서 그의 두 형제에게 알리매,

셈과 야벳이 옷을 가져다가 자기들의 어깨에 메고
뒷걸음쳐 들어가서 그들의 아버지의 하체를 덮었으며,
그들이 얼굴을 돌이키고 그들의 아버지의 하체를 보지
아니하였더라. 노아가 술이 깨어 그의 작은 아들이
자기에게 행한 일을 알고,
이에 이르되 가나안은 저주를 받아
그의 형제의 종들의 종이 되기를 원하노라 하고

창세기 9:20~25

창세기 9장은 함이 노아의 하체를 보았고 노아는 함이 "그에게 행한" 일을 알았다고 말합니다. 유대 랍비들의 주석에서는 함이 일정 기간 동안 노아를 정욕의 대상으로 바라보았으며, 어떤 식으로든 아마도 성교를 통해 그를 성적으로 학대하려는 욕망을 가졌다고 합니다.[22] 함은 정화된 땅에 악을 재도입하는 엄청난 죄를 저질렀고, 그 결과 노아는 함의 아들 가난을 저주했습니다. 하나님께서 이미 노아의 아들들을 축복하셨기 때문에 함을 저주할 수 없었기 때문입니다(창 9:1).

함에게서 시작된 죄악과 반역은 함의 먼 후손인 악명 높은 바빌론 왕 니므롯에게도 전달되었습니다. 이 반란의 전형적인 예가 바벨탑입니다. 전승에 따르면 니므롯은 신으로 우상화되기 위해 꼭대기에 앉아 하나님과 싸웠다고 합니다.

함과 니므롯처럼 사람들은 여전히 성적인 음란을 추구하고 교만하며 하나님을 정복하려 합니다. 결과는 동일합니다. 하나님과 영원히 분리되는 것입니다. 그러나 하나님은 사탄의 속임수와 궁극의 사형 선고에서 벗어날 수 있는 길을 마련해 주셨고, 그것은 여러분에게도 가능한 일입니다.

BIBLICAL MYSTERY

Part 2
당신을 위한 하나님의 계획

Chapter 7

예수님 만나기

누군가에게 "예수님을 만나 본 적이 있습니까?"라고 묻는다면 "전혀요"라고 말하는 것을 종종 듣습니다. 그런 분들은 "예수는 2천 년 전에 살았고, 사실 나는 그가 성경에서 말한 모든 일을 실제로 했는지조차 확신하지 못합니다."라고 덧붙이겠지요. 무신론자로서 저희도 같은 생각을 했었습니다.

그렇다면 예수는 누구이며, 그가 하신 일, 또는 하지 않은 일에 대해 어떻게 알 수 있을까요? 가장 잘 살펴볼 수 있는 자료는 당시의 문헌(성경 외의 다른 문헌)일 것입니다.

먼저 역사를 통틀어 여러 문헌에 일반적으로 기록되는 인물, 즉 왕과 같은 권력자나 사회, 정치, 문화에 중대한 영향을 미친 인물을 살펴봅시다. 주로 권력자가 기록하는 역사는 그들의 행동을 정당화하는 것처럼 보이며 약하거나 박해받는 사람들의 이야기는 전통적으로 무시되거나 폐기 처분되었습니다.

당시의 강력한 통치자들에 따르면, 예수는 버려져 박해를 받고 처형되기까지 했습니다. 그는 3년 동안만 사역했는데, 그 기간 동안 그가 여러 기적을 행하였습니다. 병자를 고치고, 죽은 자를 살리고, 대중을 먹이고, 복음을 전했다는 것이 성경에 기록되어 있습니다. 그러나 예수와 세례 요한과 같은 성경 인물들은 그들을 통치한 유대인 권력자들이나 로마인들에게만 알려졌을 가능성이 높습니다. 예수님은 로마 정부와 전쟁을 하지 않으셨기 때문에 그 통치자들이 그분에게 위협을 받을 이유가 없었습니다. 그들에게 그분은 단지 유대 종교 지도자들을 행복하게 하기 위해 처형해야 하는 유대 이단교단의 지도자였을 뿐입니다. 그리고 그의 추종자들도 그의 위대함을 기리기 위한 어떠한 기념비도 남기지 않았습니다. 만약 그랬다면 많은 기독교인이 우상 숭배 방식으로 이러한 장소들을 숭배할 것이기 때문에 어떤 점에선 이것도 최선의 결과라고 볼 수 있겠습니다.

그 지역을 제외한 1세기의 다른 세계에서는 예수가 거의 알려지지 않았습니다. 그 당시 그가 정치, 문화, 예술 또는 철학에서 탁월했다면 우리는 역사 기록 전체에서 그에 대해 읽었을 것입니다. 대신에 그는 로마와 그리스 기독교인들이 그 지역에 믿음을 퍼뜨렸기에 이름을 알리게 되었습니다. 그 믿음은 법적으로 승인되었고, 4세기 콘스탄틴의 통치와 함께 더욱 퍼졌습니다. 이러한 이유로 티모시 프레케(Timothy Freke)와 피터 갠디(Peter Gandy)가 쓴 《예수미스터리(Jesus Mysteries)》와 같은 책들 은 성경, 특히 4복음서(마태, 마가, 누가, 요한)에 나타난 예수님의 생애에 대한 기록이 조작된 신화에 불과하다고 말합니다. 그들의 주된 주장은 역사서에서 예수에 대한 증거를 찾을 수 없다는 것입니다.[23] 그러나 이 같은 주장이 정말 사실일까요?

역사 속의 예수

예수와 그의 추종자들이 역사 문헌에 언급되어 있을까요? 그렇습니다. 다만 자주 발견되지는 않습니다. 유명한 유대 태생의 로마 역사가인 플라비우스 요세푸스(Titus Flavius Josephus, 37~101 AD)[24]는 나사렛 예수에 대해 자신의 저서 《유대 고대사(Antiquities of the Jewish)》[25]에서 다음과 같이 말하고 있습니다.

> 이 무렵 '예수'라는 지혜로운 사람이 살았다.
> 그는 놀라운 일을 행했고 진리를 기쁘게 받아들이는
> 사람들의 선생이었다. 그는 많은 유대인과 그리스인의
> 마음을 얻은 '그리스도'였다. 빌라도는 우리들 가운데
> 유력한 사람들에게 고발된 그에 대해 듣고 십자가에 못
> 박았으나, 그를 사랑한 사람들은 멈추지 않고 계속 그를
> 따랐다. 신성한 선지자들이 그와 관련된 만 가지의 놀라운
> 일을 예언한 대로 예수는 사흘 만에 다시 살아나 그들에게
> 나타났다. 그의 이름을 딴 '그리스도인'의 교파는
> 오늘날까지 사라지지 않고 있다.
> (이 중립적 의견의 재구성은 존 마이어(John Meier)의 저서,
> 《변경의 유대인: 역사적 예수의 재조명과 문제의 근원(A
> Marginal Jew: Rethinking the Historical Jesus: The
> Roots of the Problem and the Person)》[26] 에서도
> 밀접한 방식으로 다뤄진다.)

여러분이 기독교인이라면, 이 고대의 유대 역사가가 예수를 그리스도로, 또 죽음에서 부활한 메시아로 인정한 것을 알게 되어 기쁠 것입니다. 그러나 대부분의 역사가와 학자, 심지어 기독교인조차도 이와는 다르게 얘기합니다. 그들은 신자들이 이러한 세부 사항을 몇 세기 후에 본문에 삽입했다는 결론을 내립니다. 그러나 그것이 사실이다 하더라도, 요세푸스는 여전히 예수가 역사적으로 놀라운 일을 성취한 실

존 인물이었고, 유대인과 헬라인을 가르치고 이끌었으며, 빌라도에 의해 십자가에 못 박힌 것을 인정합니다. 또 다른 비기독교인이며 매우 신뢰받는 1세기의 로마 역사가 푸블리우스 코르넬리우스 타키투스(Publius Cornelius Tacitus, 56~120 AD)[27]도 예수에 대해 기록했습니다. 그의 작품, 서기 116년의 《연대기(Annals)》에서 타키투스는 예수가 티베리우스 카이사르 휘하의 본디오 빌라도에 의해 십자가에서 처형되었으며 기독교인이라고 불리는 그의 추종자들이 큰 고통을 겪었다고 기록했습니다.[28]

> 결과적으로, [AD 64년에 예루살렘에 불이 붙었다는] 보고를 없애기 위해, 네로 황제는 미움과 가증의 대상이 되는 기독교인들에게 죄를 씌우고 가장 격심한 고문을 가했다. '그리스도'라는 이름에서 유래된 그리스도인(Christus)들은 티베리우스 치세동안 가장 악랄한 미신의 주체자로 알려졌고, 폰티우스 필라투스(Pontius Pilatus) 총독의 손에 극도의 형벌을 받았는데, 가장 가증하고 부끄러운 악의 최초의 근원지였던 유대뿐 아니라 로마로도 전파되었으며, 더욱 기승을 부리며 세계 각처에서 그들의 활동 중심지가 발견되었다.

수에토니우스(Suetonius, 69~140 AD)는 네로의 박해에 대해 이렇게 말하고 있습니다.

> "네로는 유해한 새로운 종교를 믿는 기독교인들에게 형벌을 가했다."[29]

예수는 유대의 관습, 구전 전통, 구약의 율법, 저술, 그리고 예언자에 대한 랍비의 주석 모음집인 유대 탈무드에서도 논의됩니다. 이 기록들에서 고대 랍비들이 예수님의 존재를 인정했음에도 그분의 의로움이나 신성은 인정하지 않았다는 것이 발견됩니다. 그들은 그분이 초자연적 행위를 행하였다고 믿지만 그것이 "마법" 또는 "마술"의 행위였다고 말합니다. 우리는 예수에 관해 가장 많이 인용된 랍비의 설명에서 이러한 주장을 발견할 수 있습니다.

> 전해오는 기록이라: 유월절 전날에 그들은 예수를
> 목매달았다. 한 전령이 사십 일 동안 말하기를
> "그가 돌에 맞을 것이고, 이는 그가 마술을 행하고
> 이스라엘을 미혹하여 그릇되게 하였음이라.
> 누구든지 그에게 유리한 내용에 대해 아는 사람은 앞으로
> 나와 그를 위해 간청하라."라고 전하였으나 그에게
> 유리한 증언자가 없었으므로, 유월절 전날에
> 그를 목매어 매니라 (b. 산헤드린 43a).[30)]

물론 초기 기독교인들의 글이 예수님에 대해 이야기하지만, 그들의 기록은 종종 예수님의 생애보다 1세기 이후의 교회 발전을 위해 배우는 데 더 유용한 글이었습니다. 그 이유는 초기 기독교 글이 일반적으로 예수님이 죽으시고 부활하신 후 2, 3세대 신자들에 의해 기록된 것이기 때문입니다. 게다가 우리는 출처도 고려해야 합니다. 예수와 관련된 많은 기록은 초기 몇 세기 동안 이루어졌는데, 가령 본디오 빌라도가 로마 황제에게 직접 쓴 예수의 심판과 처형에 대한 최초의 기록인 "빌라도의 보고서"가 있습니다. 그러나 그 보고서가 빌라도에 의해 실

제로 기록되었음을 입증할 확실한 증거는 어디에도 없습니다.[31] 성경에 기록된 수많은 "영지주의 복음서(Gnostic gospels)"의 경우도 예수와 가까운 사도들이나 다른 여러 사람들에 의해 기록되었다고 추정되지만, 사실은 2세기나 그 이후에 써진 것으로 추정됩니다.

그러나 예수가 단지 신화적인 인물이 아니라 실제로 존재했었음을 증명하기에 충분하고도 확실한 문헌이 여러 존재하기 때문에, 예수를 믿는 사람들에겐 몇 가지 불확정한 기록은 단지 부수적인 요소일 뿐입니다. 거의 모든 존경받는 역사가와 학자는 나사렛 예수가 성경이 묘사하는 시대에 실제로 살았으며, 그가 실제로 초자연적인 일을 행하였고, 참혹한 죽음을 당하였다는 역사적 사실에 동의합니다. 그들이 인정하지 않는 것은 그가 신성하다는 신앙적 의견인데, 그들은 그가 단지 인간이라는 것을 증명하기 위해 더 많은 노력을 기울입니다. 2007년에 제작된 다큐멘터리 〈잃어버린 예수의 무덤〉이 그런 경우라고 할 수 있습니다.

고고학 속의 예수

〈잃어버린 예수의 무덤〉은 1980년 예루살렘의 교외 지역 탈피엇(Talpiot)에서 건설 노동자들이 발굴한 현장을 예수와 그의 직계 가족의 무덤인지, 그 진위 여부를 살펴보는 다큐멘터리입니다. 이 다큐멘터리의 감독, 유대인 출생의 심차 야코보비치(Simcha Jacobovici)는 그 무덤에 예수 그리스도의 뼈가 보관되어 있다고 주장해, 많은 소란을 일으켰습니다.[32] 사실, 이 1세기 무덤에는 몇 개의 납골당(고인의 뼈가 들어 있는 석회암 상자)이 보관되어 있었는데 이는 1세기 유대 문화의 관습적인 매장 관행이었습니다. 고고학자들을 놀라게 한 것은 상자에 새겨진 이름들이었습니다. 요셉의 아들 예수, 마리아, 마리아메네, 마태, 예수의 아들 유다, 호세(요셉의 약자일 수도 있음)라는 이름들이었습니다.

세속 학자들은 예수가 육체적으로 부활한 것이 아니라 그의 뼈가 이 상자 중 하나에 수 세기 동안 안전하게 보관되어 있었다는 증거를 발견했다고 여기며 매우 흥분했습니다. 예수가 신이 아니라 단순한 사람이라는 주장을 더욱 강화하기 위해 그들은 또한 마리아메네의 납골당이 예수의 아내라고 주장되는 막달라 마리아의 것이며, 유다의 납골당은 당연히 그들의 아들의 것이라고 단언했는데 이는 성경이 말하는 모든 것과 반대되는 것입니다.

이 세속적 역사가들은 예수가 신이 아니라 사람일 뿐이라는 가정을 전제로 모든 연구를 시작하기 때문에, 그들의 결론이 그들 자신에게는 논리적이라고 여겨질 수 있습니다. 그러나 이러한 가정에도 불구하고 그 역사가들은 자신의 결론을 입증하기에 너무 열망한 나머지 신뢰할 만한 증거 수집을 간과했습니다. 증거를 자세히 살펴보면, 무덤이 이전에 파손된 적이 있으므로, 그 안의 상자가 무덤 안팎으로 옮겨질 수 있거나 이름이 변조되었을 가능성을 시사하고 있습니다. 더욱이, 상자의 각 이름은 실제로 예수의 이름을 포함하여 당시 상위 10위 안의 가장 인기 있고 흔한 이름들이었습니다. 사실, 신약 성경에만 마리아라는 이름을 가진 사람이 6명이나 발견됩니다. 그리고 1세기 유대인 가족무덤에서 이러한 이름이 포함되는 것은 드문 일이 아닙니다. 또한 이름이 모두 같은 언어로 쓰인 것도 아니었습니다. 납골당은 예수의 고향 나사렛이 아니라 어느 예루살렘의 부유한 무덤(예수님의 가족은 가난했다는 것을 상기하십시오)에 안치되었습니다. 게다가 그 역사가들은 단

하나의 DNA 샘플만 채취한 것으로 보입니다!

이 증거를 검토하면서 얻는 중요한 포인트는 다음과 같습니다. 학자와 유대 고고학자 모두 "예수는 신성하지 않다"와 같은 주장을 증명하기 위한 정보만 선택했으며, 앞으로도 그들은 그러할 것이라는 점입니다. 이러한 경향은 성경과 예수의 생애에 대한 결론을 내리기 위해 세속적 성경 학자들이 상당히 자주 의존하는 역사 채널과 내셔널 지오그래픽 방송 등에서 특히 자주 발견됩니다. 그러므로 성경 학자들이 예수가 누구이고 아닌지에 대한 의제로 인해 당신의 믿음이 흔들리지 않도록 주의하십시오.

이것과 비슷한 또 다른 예를 들어 보겠습니다. 성경은 예수님의 젊은 시절을 한 번만 언급하기 때문에, 예수님이 어디에서 위대한 지혜와 초자연적인 능력을 얻었는지에 대해 많은 추측을 불러일으킵니다. 어떤 이들은 인도에서 그분의 흔적을 찾았다고 말합니다. 예를 들어, 티베트 불교에는 잇사(Issa)라는 뛰어난 라마(티베트 승려나 교사)에 대한 기록이 있습니다.[33] 그 불교도들은 예수가 십 대 시절을 불교와 불교문화를 연구하면서 오늘날 알려진 위대한 메시아적 인물로 떠올랐다고 주장합니다. 또한 잇사(Issa)는 무슬림들이 예수를 지칭하는 이름이기도 합니다(잇사Issa는 코란에서 25번 언급됩니다).[34]

반면에 기독교인들은 성경 문헌에서 예수님이 세상이 창조되기 전부터 지혜와 초자연적인 능력을 받았다고 확신합니다.(미 5:2, 요 1:1)

예수가 누구인지에 대한 비성경적 견해나 그릇된 생각이 아주 쓸모가 없는 것은 아닙니다. 이러한 관점은 우리가 예수에 관한 지식의 진정한 근원과 구원을 위한 그분의 신성한 계획에 대해 다른 유신론자나 불교도와 대화를 시작하는 데 도움을 줄 수 있습니다.

역사적 인물의 존재를 논하는 것은 쉬운 일이 아닙니다. 하물며 메시아라고 예언된 예수와 같은 사람에 대해서는 더욱 난해할 것입니다. 그러나 우리는 성경적 문헌뿐만 아니라, 비기독교적인 역사적 자료와 랍비들의 주석에서도 그분이 실재했다는 사실에 대해 무시할 수 없는 풍부한 세부자료와 단서를 발견합니다. 2천 년 후, 지금 우리는 그분의 존재를 보여 주는 열매의 증거를 목격합니다. 역사상 예수님보다 사람들의 삶을 더 심오하게 변화시킨 인물은 없습니다. 그분은 더 이상 살아 계시지 않지만, 그분을 진심으로 찾는 사람들에게 초자연적인 방법으로 자신을 친히 알리십니다. 그분에 대한 이 친밀하고 초자연적인 지식 덕분에 수백, 수천만 명이 그분을 따르고 그분을 위해 순교했으며, 다른 사람들에게 그분에 대해 이야기하고 있습니다. 사실, 그분의 삶에 관한 가장 확실한 자료는 다른 어느 것도 아닌 역사상 가장 많이 팔린 책, 바로 성경입니다!

삼위일체의 예수

당신은 아마도 예수님이 홀로 일하신 적이 없다는 말을 들었을 것입니다. 그분은 그리스도인들이 "삼위일체"라고 부르는 성부(하나님), 성자(예수님), 성령의 한 부분입니다. 삼위일체로서 이 셋은 따로 존재하지만, 한 하나님으로 함께 행하십니다.[35] 이것은 단순히 믿고 받아들이라고 말할 수 있는 문제가 아닙니다. 시공간에 사는 모든 유한한 생명체에게 있어 세 개의 존재가 동시에 하나의 역할을 하는 것은 자신을 세 부분으로 나누는 무대 위의 놀라운 마술처럼 숨을 멈출 만한 행위일 수 있습니다.

사실, 초기 기독교인들은 삼위일체 개념에 대해 많은 논쟁을 벌였습니다. 다음과 같은 몇 가지 아이디어가 교회 지도자들 앞에 제시되었습니다. "예수 그리스도와 하나님 아버지가 하나라면, 왜 예수님은 자신을 하나님의 아들이라고 하셨을까요? 그렇게 하면 두 사람이 하나가 아니라 별개의 존재가 될 것입니다." 보시다시피 여기저기서 한 구절씩 읽으면 삼위일체 교리가 혼란스러워 보일 수 있습니다. 사실, "삼위일체"라는 단어는 성경 어디에도 없습니다. 그러나 우리가 선택된 구절뿐만 아니라 성경 전체의 모든 단서를 함께 엮을 때, 우리는 세 개의 분리된 실체가 하나가 되는 그림이 전개되는 것을 봅니다. 예를 들어 창세기를 보면 하나님은 자신을 단수 형태인 "나"와 "나의"라고 부르지 않고 복수 형태로 "우리"와 "우리의"라고 하십니다.

하나님이 이르시되
우리의 형상을 따라 우리의 모양대로
우리가 사람을 만들고

창세기 1:26

구약을 거쳐 신약으로, 그리고 마지막 책인 요한계시록으로 넘어가면서 우리는 성경에서 말하는 "우리"를 성부 하나님, 예수 그리스도, 성령으로 식별할 수 있습니다. "삼위일체"는 이 신학적 개념을 설명하기 위해 만들어진 용어이지만, 킹 제임스 성경에서는 그 개념이 실재한다고 분명히 보여 줍니다.

하늘에 증언하시는 세 분이 계시니
아버지와 말씀과 성령이시라.
또 이 세 분은 하나이시니라.

요일 5:7, 킹제임스 흠정역

삼위일체로서의 하나님에 대한 이 개념은 너무나 현실적이어서 우리 자신의 존재에 깊숙이 박혀 있습니다. 1부에서 논의했듯이 우리 각자는 하나님의 형상대로 설계되었습니다. 이것은 우리가 창조주의 본성과 성품, 그리고 인격을 반영할 가능성이 있음을 의미합니다. 사실 우리는 우리 안에 있는 하나님의 숨결 없이는 살 수도 없습니다. 창세기를 보면 하나님이 흙으로 아담의 몸을 지으셨을 때, 하나님이 그 코에 생기를 불어넣으시고 나서야 아담이 생령이 되었음을 알 수 있습니다. 그것은 우리 각자가 몸과 혼과 영을 가지고 있음을 의미합니다. 이 세 부분(몸, 혼, 영)은 한 사람처럼 함께 작용합니다.

이 비유는 훨씬 더 깊게 들여다볼 필요가 있습니다. 각 부분을 더 자세히 살펴보겠습니다. 우리의 영은 우리의 생명과 능력의 근원입니다. 그리고 우리의 혼은 우리의 마음을 구성하는 지식과 감정, 또 의지의 원천입니다. 우리 몸은 주변 환경과 상호 작용하는 데 도움이 되는 오감으로 구성된 육체입니다. 영과 혼과 몸의 이 세 부분은 스스로 독립적으로 작용할 수 없습니다. 영이 없는 몸은 죽은 것입니다. 혼이 없는 몸은 식물인간 상태에서 사는 것입니다. 그리고 몸이 없는 영은 유령, 어쩌면 귀신일 수도 있습니다. 이 땅에 있는 동안 우리 각자는 영과 혼과 몸이 서로 정상적으로 상호 작용할 때에만 온전한 것으로 간주됩니다.

우리는 삼위일체 안에서 우리 자신을 다음과 같이 볼 때 더 분명하게 이해할 수 있습니다.

1. 아버지 하나님: 하나님의 영은 하나님의 지식과 감정과 뜻이며, 이 모든 것이 하나님의 마음에서 우러나온 것입니다.
2. 성자 하나님: 하나님은 육신으로 오신 하나님의 아들 예수 그리스도로 이 땅에 나타나셨습니다.
3. 성령 하나님: 하나님의 영은 믿는 자 안에 거하시고, 우리의 영에 능력을 불어넣어 우리의 목적을 이루시고 하나님의 형상을 반영하는 성령이십니다.

우리는 또한 하나님이 세 위격이시며 각자 고유한 인격을 가지고 있다고 말할 수 있습니다. 그들은 동시에 하나이며 모든 면에서 완전합니다.

1. 하나님 아버지께서 결정하십니다
2. 예수 그리스도는 하나님의 뜻을 말씀하시고,
3. 성령으로 역사하십니다.

여기서 문제가 발생합니다. 우리는 결정을 내리고, 말하고, 행동하는 삼위일체적인 삶을 살려고 노력하지만, 필멸의 육신은 우리 안에 있는 하나님의 영에 반대되는 욕망을 너무 자주 말하고 불경건한 방식으로 행동합니다. 예를 들어, 교회 예배에서 우리는 많은 교인의 육체가 오락을 원하거나 재정적 번영이 그들의 손아귀에 있다고 확신 받기를 원하는 것을 너무 자주 봅니다. 그러나 우리는 성경에서 "하나님은 영이시니 예배하는 자가 신령과 진정으로 예배할지니라(요 4:24)"는 말씀을 알고 있습니다. 신령과 진정으로 예배한다는 것은 무엇을 의미합니까? 우리의 육신이 아닌 성령이 인도하는 예배는 하나님의 온전한 진리의 말씀을 통해 예수의 이름을 높입니다. 그것은 의식과 전통에 초점을 맞추지 않고 하나님의 말씀을 선포하고 행동하는 데 중점을 둡니다.

한편, 우리는 성경에 설명되어 있는 우리 육신과의 영적 전쟁을 발견합니다. "육체의 소욕은 성령을 거스르고 성령은 육체를 거스르나니 이 둘이 서로 대적함으로 너희가 원하는 것을 하지 못하게 하려 함이니라(갈 5:17)". 우리는 우리의 영과 혼과 육의 삼위일체적 능력을 완전히 활성화하고 육체의 소욕을 극복하기 위해 또 다른 성경 원칙을 이해해야 합니다. "우리의 싸우는 무기는 육신에 속한 것이 아니요 오직 어떤 견고한 진도 무너뜨리는 하나님의 능력이라(고후 10:4)" 이 강력한 무기는 하나님의 영입니다. 그의 정신이 힘입니다. 에너지가 고갈되면 생명체는 아무것도 할 수 없습니다. 그러나 하나님의 영(능력/에너지)이 육신이 되어 사람들에게 자신을 나타내셨고 능력을 부어 주셨습니다. 이 능력은 다름 아닌 예수 그리스도였습니다.

예수님은 인간으로 이 땅에 오셔서 오직 하나님만이 하실 수 있는 원대한 일을 하셨습니다. 그분은 우리를 위해 죽으셨고 우리를 구원하셨습니다. 그의 희생은 그분이 우리를 얼마나 사랑하시는지 보여 주는 증거이며, 창세기 3장 15절에서 예언의 메시아로 선택된 예수님의 행보입니다. 그분은 우리를 하나님과 영원히 분리시키려는 사탄의 계획을 무너뜨리셨습니다. 죄는 우리에게 영적인 죽음과 하나님과의 분리를 초래합니다. 과거에는 유대 민족의 죄를 덮기 위해 계속해서 희생을 바쳐야 했습니다. 예수님은 자신의 몸과 피로 인류의 모든 죗값을 치르심으로써 우리가 결코 갚을 수도 없고, 받을 자격도 없음에도 받은, 어떤 말로도 형용할 수 없는 선물이 되셨습니다. 그분은 우리의 깨진 관계를 창조주와 다시 연결해 주셨습니다. 이제 우리는 그분과 완전한 친밀함을 누릴 수 있습니다. 그러므로 우리는 이 선물의 혜택을 온전히 받기 위해 무엇인가를 해야 합니다. 우리의 자유 의지로 선택해야 합니다. 그렇기 때문에 사도 요한은 이렇게 기록합니다.

영접하는 자 곧 그 이름을 믿는 자들에게는
하나님의 자녀가 되는 권세를 주셨으니…
말씀이 육신이 되어 우리 가운데 거하시매 우리가
그의 영광을 보니 아버지의 독생자의 영광이요
은혜와 진리가 충만하더라

요한복음 1:12, 14

예수님의 선물을 받는 사람은 누구든지 그분의 가족이 될 수 있고 하나님의 자녀가 받아야 할 기업, 곧 그분과의 영원한 사랑과 친밀함을 받을 수 있습니다. 여러분이 지금 하나님의 가족이 되고자 하고, 여러분의 삶에 대한 사탄의 계획을 포기하고 싶다면 잠시 시간을 내십시오. 그리고 예수님이 여러분의 메시아이자 구세주임을 믿으며, 여러분의 죄에 대한 대가로 그분의 값없는 선물을 받아들이고, 여러분이 그분을 삶의 주님으로 영접하기를 소망하십시오.

하지만 이렇게 기도하는 것만으로는 사탄의 계획을 따르려는 육신과의 전쟁에서 승리할 수 없습니다. 여러분을 통해 역사하시는 예수님의 능력, 즉 성령의 능력이 필요합니다.

내가 아버지께 구하겠으니 그가 또 다른 보혜사를
너희에게 주사 영원토록 너희와 함께 있게 하리니

요한복음 14:16

여기서 말하는 보혜사는 예수님이 승천하신 후 모든 믿는 자에게 주신 성령입니다. 성령은 구약 전체에 걸쳐 종종 등장하였지만, 그는 오순절에 공식적으로 모든 신자에게 나타났습니다.

오순절 날이 이미 이르매, 그들이 다같이 한 곳에
모였더니, 홀연히 하늘로부터 급하고 강한 바람 같은
소리가 있어 그들이 앉은 온 집에 가득하며 마치 불의
혀처럼 갈라지는 것들이 그들에게 보여 각 사람 위에
하나씩 임하여 있더니, 그들이 다 성령의 충만함을 받고
성령이 말하게 하심을 따라
다른 언어들로 말하기를 시작하니라.

사도행전 2:1~4

그 이후로 성령은 모든 기독교 신자의 보혜사가 되었습니다. 헬라어로 보혜사(파라클레데 Paraclete)가 보호하고 돌보는 존재를 의미하듯이 성령은 신자들을 하나님의 진리로 인도합니다.

그러나 진리의 성령이 오시면 그가 너희를 모든 진리
가운데로 인도하시리니, 그가 스스로 말하지 않고
오직 들은 것을 말하며 장래 일을 너희에게 알리시리라.

요한복음 16:13

때로 그분은 "대저 여호와께서 그 사랑하시는 자를 징계하시기를 마치 아비가 그 기뻐하는 아들을 징계함 같이 하시느니라(잠언 3:12)"고 말하듯이 하나님 아버지에게서 멀어지는 자들을 꾸짖습니다. 또한 그분은 고통받거나 슬픔에 잠긴 사람들을 격려하십니다. 사도 바울은 "이제 인내와 위로의 하나님이 너희로 그리스도 예수를 본받아 서로 뜻이 같게 하여 주사(로마서 15:5)"라며 교인들을 독려하였습니다.

삼위일체에 대해 더 이상 혼란스러워할 필요가 없습니다. 성부 하나님, 성자 하나님, 성령 하나님은 별개의 존재입니다. 그러나 본질적으로, 그들은 각각 다른 역할과 기능을 수행하여 인간의 영혼을 구원하는 하나의 하나님으로 움직이십니다. 메시아 그리스도는 사람이 되셨습니다. 성령은 보혜사로서 하늘에 계신 하나님께로부터 오셨고 모든 믿는 자 안에 거하십니다. 이 모든 것은 하나님 아버지께서 주관하셨습니다. 이런 식으로 삼위일체는 하나님이 모든 인간을 얼마나 사랑하시는지 보여 주십니다.

기도하는 예수

기도는 이상한 행동이 아닙니다. 기도는 기본적으로 하나님께 마음을 드리는 행위입니다. 무신론자들도 기도합니다. 하나님을 모르는 사람이 긴급 상황에서 하나님께 간구하는 모습을 우리는 경험해 봅니다. 불신자라도 진정으로 하나님을 인정하면 마음에서 우러나오는 기도이기 때문에 하나님께서 들으십니다.

저희가 아는 한 지인은 베트남 전쟁 중 동료 병사들이 총알과 폭탄을 맞는 것을 가까이 본 적이 있습니다. 그는 자신이 죽는 것도 시간문제일 뿐이라고 두려워했습니다. 그는 무신론자였지만 두려움에 사로잡혀 하나님께 보호를 구하는 기도를 멈출 수 없었습니다. 그는 전쟁에서 살아남았고 하나님께서 그의 생명을 구해 주신 은혜를 잊지 않았습니다. 그 후 그는 기독교 신자가 되어 교회에 다니기 시작했습니다.

실제로 많은 치유와 재정적 축복이 기도를 통해 이루어집니다. 그러나 사실 수많은 기도 중 아무리 기도해도 응답을 받지 못하는 경우도 허다합니다. 어떤 교회는 응답되지 않은 기도에 대해 신자를 비난하면서 믿음이 부족하다고 말합니다. 성경은 우리가 충분한 믿음만 있으면 하나님께서 우리의 모든 기도에 응답하실 것이라고 실제로 말씀하고 있지 않습니까? 이에 관해 성경이 말하는 바를 살펴보겠습니다.

> 내가 또 너희에게 이르노니 구하라.
> 그러면 너희에게 주실 것이요.
> 찾으라 그러면 찾아낼 것이요.
> 문을 두드리라 그러면 너희에게 열릴 것이니
>
> 누가복음 11:9

액면 그대로 이 구절을 해석하면 인간의 어떤 종류의 요청에도 하나님이 응답하실 것처럼 들립니다. 그러나 우리가 기도에 대해 더 읽을수록 하나님은 다음과 같은 기준으로 기도에 응답하신다는 것을 알 수 있습니다.

진실된 기도

마태, 마가, 누가, 요한복음을 보면 우리는 예수께서 제자들에게 자신의 이름으로 기도하라고 명하신 것을 볼 수 있습니다.

지금까지는 너희가 내 이름으로 아무 것도
구하지 아니하였으나 구하라. 그리하면 받으리니
너희 기쁨이 충만하리라.

요한복음 16:24

또한 예수님은 마태복음 6장에서 기도에 대해 아주 구체적으로 말씀하셨습니다. 그는 우리에게 "기도할 때에 이방인과 같이 중언부언하지 말라 그들은 말을 많이 하여야 들으실 줄 생각하느니라(마 6:7)"라고 경고하셨습니다. 다른 번역판들은 이교도들처럼 중얼거리지 말라고 말합니다.

그 대신 예수님은 제자들에게 매우 구체적인 의도를 가진 단어를 사용하라고 가르치셨습니다. 이러한 가르침이 "주기도문"에 잘 표현되어 있습니다.

하늘에 계신 우리 아버지여 이름이 거룩히 여김을
받으시오며 나라이 임하옵시며 뜻이 하늘에서 이룬 것
같이 땅에서도 이루어지이다. 오늘날 우리에게 일용할
양식을 주옵시고 우리가 우리에게 죄 지은 자를 사하여 준 것 같이
우리 죄를 사하여 주옵시고 우리를 시험에 들게 하지 마옵시고 다만
악에서 구하옵소서. 나라와 권세와 영광이 아버지께
영원히 있사옵나이다. 아멘

마태복음 6:9~13, 개역한글

주기도문은 올바른 기도 방법을 보여 줍니다. "오늘날 우리에게 일용할 양식을 주옵시고"에서 의미하듯이 우리는 세상의 욕망이나 필요가 아니라 우리가 살아가는 데 필요한 일용할 양식만 구하면 됩니다. 이것을 아시고, 예수님은 "너희는 먼저 그의 나라와 그의 의를 구하라 그리하면 이 모든 것을 너희에게 더하시리라(마 6:33)"라고 진심을 다해 말

씀하셨습니다. 이것이 나머지 주기도문의 핵심인 하나님의 뜻을 먼저 구하고 선하고 의로운 삶을 사는 것입니다.

주기도문은 오늘날 많은 사람이 하는 자기중심적인 기도가 아니라 우리가 하나님과 대화할 때 하나님 중심적으로 하는 방법을 가르쳐 줍니다. 자기중심적인 기도는 오늘날 우리가 "번영 복음"이라고 부르는 것의 부산물입니다.[36] 그러나 성경의 가르침에서 야고보는 다음과 같이 말합니다.

> 구하여도 받지 못함은 정욕으로 쓰려고
> 잘못 구하기 때문이라.
>
> 야고보서 4:3

기도의 핵심은 다시 마태복음 6장 33절에서 찾을 수 있습니다. "너희는 먼저 그의 나라와 그의 의를 구하라 그리하면 이 모든 것을 너희에게 더하시리라."[37] 우리가 하나님의 뜻에 따라, 하나님 나라에 대한 소망과 의로운 삶에 대한 소망을 가지고 기도할 때, 하나님은 우리의 모든 필요를 가능한 한 최선의 방법으로 돌보아 주십니다.

결국 참된 신자는 진실한 개인 기도와 하나님 말씀 공부를 통해 하나님과 충분한 시간을 보내는 훈련을 받습니다. 그런 노력의 시간을 통해 죄를 이기고 의인이 되어 주 안에서 선한 일을 행하는 권능과 은혜가 임하게 되는 것입니다. 바로 이것이 하나님 나라의 일입니다.

휴거의 예수

신약 성경의 가장 중요한 메시지는 말세와 예수 그리스도의 재림에 관한 것입니다. 저희는 기독교인이 되어 처음 교회에 다니기 시작하면서 오랫동안 요한계시록에서 말하는 재림이나 종말과 휴거에 대해 배운 적이 없었습니다. 이와 동일하게 요한계시록에 관한 가르침의 부족이 오늘날 기독교 교회에 만연히 퍼져 있습니다. 그러나 우리의 영원한 구원에 관련하여 요한계시록의 마지막 네 개의 장만큼 더 중요한 주제는 없습니다. 요한계시록은 예수님의 재림과 대적의 패배, 그리고 천국에서의 우리의 운명에 대해 자세히 설명하기 때문입니다.

어떤 교회는 그리스도의 재림이 믿는 자의 부활을 나타낸다고 가르칩니다. 이것을 "휴거"라고 하고, 그 후 그리스도께서 다시 오셔서 천년 동안 지상에서 통치를 시작하는데 그전에 불신자들 사이에 큰 환난이 일어난다고 가르칩니다. 이것을 "환난 전 휴거 시대(pre-tribulation)"라고 합니다. 다른 사람들은 예수 그리스도의 재림 전에 큰 환난이 일어나며 그 후에 세상이 끝날 것이라고 가르치는데, 이것은 "환난 후 휴거 시대(post-tribulation)"를 뜻합니다.

그럼 이 모든 것에 대해 성경은 실제로 무엇이라고 말할까요? 예수님은 말세와 재림에 대해 여러 번 말씀하셨으며 재림 전에 모든 믿는 자를 모을 대환난에 대해 경고하셨습니다. 예수님은 감람산에서 제자들에게 마지막 때와 재림의 징조에 대해 이렇게 예언하셨습니다.

그 때에 큰 환난이 있겠음이라. 창세로부터 지금까지
이런 환난이 없었고, 후에도 없으리라. 그 날들을 감하지
아니하면 모든 육체가 구원을 얻지 못할 것이나, 그러나
택하신 자들을 위하여 그 날들을 감하시리라.

마태복음 24:21~22

그 날 환난 후에 즉시 해가 어두워지며 달이 빛을 내지
아니하며 별들이 하늘에서 떨어지며 하늘의 권능들이
흔들리리라. 그 때에 인자의 징조가 하늘에서 보이겠고,
그 때에 땅의 모든 족속들이 통곡하며 그들이 인자가
구름을 타고 능력과 큰 영광으로 오는 것을 보리라.
그가 큰 나팔소리와 함께 천사들을 보내리니,
그들이 그의 택하신 자들을 하늘
이 끝에서 저 끝까지 사방에서 모으리라.

마태복음 24:29~31

주님께서 권능과 큰 영광으로 구름을 타고 오실 때, 우리는 부활하거나 휴거를 경험하게 됩니다.

주께서 호령과 천사장의 소리와 하나님의 나팔 소리로
친히 하늘로부터 강림하시리니, 그리스도 안에서 죽은
자들이 먼저 일어나고 그 후에 우리 살아남은 자들도
그들과 함께 구름 속으로 끌어 올려 공중에서
주를 영접하게 하시리니,
그리하여 우리가 항상 주와 함께 있으리라.

데살로니가전서 4:16~17

정말 간단한 이야기입니다. 예수님은 세상이 끝나기 전에 큰 환난이 있을 것이며 구름을 타고 다시 오신다고 분명히 예언하셨습니다. 이것을 "하늘에서의 재림"이라고 합니다. 이 땅에 살아 있는 성도와 이미 죽은 성도는 휴거 되어 하늘로 올라가서 예수 그리스도를 영접하게 될 것입니다. 그러면 이때 성도들이 바로 천국에 들어갈까요? 불행히도 이 문제에 대해 많은 추측이 있지만 명확한 답은 없습니다. 아마도 이것이 하나님이 의도하신 방식일 것입니다. 왜냐하면 예수님은 우리에게 다음과 같이 말씀하셨기 때문입니다.

내가 아직도 너희에게 이를 것이 많으나
지금은 너희가 감당하지 못하리라.
그러나 진리의 성령이 오시면
그가 **너희를 모든 진리 가운데로 인도하시리니**
그가 스스로 말하지 않고 오직 들은 것을 말하며
장래 일을 너희에게 알리시리라.

요한복음 16:12~13

예수님은 지상에 계시는 동안 하늘의 비밀을 온전히 드러내지 않으셨습니다. 신약 성경 사복음서를 아무리 읽어도 천국에 어떻게, 또 언제 들어가는지는 분명하지 않습니다. 우리가 믿는 영원한 천국은 그리스도께서 이 땅에 재림하실 때인 천년왕국 이후에 시작된다는 것입니다.

그 밀레니엄의 기간에 대한 설명은 요한계시록 19장과 20장에서 시작됩니다. 그곳을 읽어 보면, 우리는 메시아인 예수께서 수많은 천사와 함께 지상에 오실 때 백마를 타고 오시는 것을 발견할 수 있습니다. 예수님께서는 재림하시면서 온 천하를 심판하시고 사탄을 사로잡아 천

년 동안 무저갱에 가두십니다. 큰 환난 동안에는 순교하고 이마와 손에 짐승의 표를 받지 않은 신자들은 다시 살아날 것입니다. 요한계시록 20장 5절에서는 이것이 예수님이 재림하신 후의 "첫째 부활"이라고 말합니다. 그들은 예수 그리스도와 함께 사탄이 갇힌 천년 동안 왕과 왕비로서 전 세계를 다스릴 것입니다.

천년 후에 예수 그리스도께서 모든 인류에게 최후의 심판을 내리실 것입니다(계 20:12).이 "백보좌의 심판"이 임하여 올 때, 살아 있는 모든 불신자와 부활한 사람들은 "생명책에 기록된 대로" 심판받을 것입니다(계 20:13). 이것이 바로 모든 인류의 최후의 심판입니다. 계시록 20장 14절에서는 이것을 "둘째 사망"이라고 부르는데 이때 불신자들은 지옥에서 영원을 보내게 될 것이며 신자들은 요한계시록 21장에 묘사된 완성된 천국 또는 "새 땅과 새 하늘"로 옮겨갈 것입니다. 그곳에서 우리는 우리의 영원한 집이 어떤 모습인지 봅니다.

위의 내용은 모두 요한계시록 19장과 21장에 매우 명확하게 설명되어 있습니다. 더 자세한 내용은 마태복음과 데살로니가전서 4장에서도 발견할 수 있습니다.

밀레니엄의 예수

큰 환난과 예수 그리스도의 재림 그리고 휴거와 함께 이 세상의 끝이 있을 것입니다. 큰 환난 후, 천년왕국을 준비하기 위해 지상에서는 비할 데 없는 보편적인 변화가 일어날 것입니다.

그렇다면 이 천년기(밀레니엄)란 어떤 상태를 말할까요? 영원한 천국과 같은 것일까요, 아니면 현재 지구와 더 비슷한 상태를 의미할까요?

성경에 따르면 모든 부활한 그리스도인은 천년왕국에서 예수 그리스도와 함께 왕이 될 것입니다. 그러므로 천년은 시간과 공간의 확실한 장소입니다. 더욱이 성경은 땅이 사라질 것이라고 말하지 않고 천년왕국이 땅 위에 세워질 것이라고 말하고 있습니다. 따라서 밀레니엄은 오늘날의 지구에서 변형을 거친 완전히 새로운 세계입니다.

밀레니엄 시대에 사탄은 천년 동안 사람을 미혹하지 못하는 무저갱에 갇히게 됩니다. 악의 세력이 사라지므로 더 이상 시험과 미혹이 없을 것입니다. 그러므로 천년왕국은 지상의 천국과 같을 것입니다. 그러나 이것이 사실이라면 왜 하나님은 천년왕국의 과정을 미루고 곧바로 모든 믿는 자를 영원한 천국으로 인도하지 않으시는 걸까요? 이 질문에 대한 답이 창세기에 기록된 아브라함과 이삭, 또 야곱과 맺은 하나님의 약속에서 발견됩니다.

내가 너와 네 후손에게 네가 거류하는 이 땅 곧 가나안
온 땅을 주어 영원한 기업이 되게 하고
나는 그들의 하나님이 되리라

창세기 17:8

이 땅에 거류하면 내가 너와 함께 있어 네게 복을 주고
내가 이 모든 땅을 너와 네 자손에게 주리라

창세기 26:3

여호와께서 그 위에 서서 이르시되 나는 여호와니
너의 조부 아브라함의 하나님이요 이삭의 하나님이라.
네가 누워 있는 땅을 내가 너와 네 자손에게 주리니

창세기 28:13

내가 네 경계를 홍해에서부터 블레셋 바다까지,
광야에서부터 강까지 정하고 그 땅의 주민을
네 손에 넘기리니 네가 그들을 네 앞에서 쫓아낼지라.

출애굽기 23:31

하나님은 아브라함에게 말씀하신 이 영원한 기업을 이삭과 야곱을 통한 그의 후손에게 약속하셨습니다. 그러나 오늘날까지 그 약속은 이루어지지 않았으므로 이 동일한 약속이 모든 신자에게도 적용되는 것입니다. 하나님은 항상 약속을 지키시기 때문에 이 땅을 천년왕국 기간 동안 신실한 모든 성도에게 영원한 기업으로 주실 것입니다. 성경에 언급된 보상과 천년왕국 사이에는 밀접한 상관관계가 있습니다.

Chapter 8

보상 받기

종종 우리는 주위 사람의 압력이 너무 클 때, 또 비용이 너무 많이 든다는 이유로 의의 전쟁을 포기하고 선행을 거부합니다. 그러나 성경은 우리가 이 땅에서 의로운 일을 하면 상이 우리를 기다리고 있다고 분명히 가르칩니다. 여러분은 영원한 보상이 무엇이라고 생각하십니까? 어떤 신자들은 천국에서 상급을 받는 반면 다른 신자들은 그렇지 않을 것일까요? 그것은 불공평한 카스트 제도처럼 들리는 데다 영원히 지속될 것이라는 점에서 어떤 신분 제도보다 더 심각한 문제가 있어 보입니다. 교회에서는 이 점에 대해 거의 다루지 않으므로 여기에서 한번 살펴보겠습니다.

성경에서 말하는 상은 무엇인가?

우리는 상급에 대한 올바른 개념을 진정으로 이해하기 위해 성경을 매우 주의 깊게 읽어야 하며, 어떤 성경 인물이 특정 행동을 했을 때 그와 관련된 배경과 그의 동기, 목적 등 모든 것을 진지하게 검토해 봐야 합니다. 예를 들어, 모세는 애굽에서 누릴 수 있는 모든 재물과 향락, 명성을 버린 후에 참된 상을 받았습니다.

믿음으로 모세는 장성하여 바로의 공주의 아들이라 칭함
받기를 거절하고, 도리어 하나님의 백성과 함께 고난
받기를 잠시 죄악의 낙을 누리는 것보다 더 좋아하고,
그리스도를 위하여 받는 수모를 애굽의 모든 보화보다
더 큰 재물로 여겼으니, 이는 상 주심을 바라봄이라.

히브리서 11:24-26

모세는 어떤 상을 기대했습니까? 계시록에 명시된 생명의 면류관이었습니까?

서머나 교회의 사자에게 편지하라.
처음이며 마지막이요, 죽었다가 살아나신 이가 이르시되,
내가 네 환난과 궁핍을 알거니와
실상은 네가 부요한 자니라.
자칭 유대인이라 하는 자들의 비방도 알거니와
실상은 유대인이 아니요 사탄의 회당이라.
너는 장차 받을 고난을 두려워하지 말라.
볼지어다 마귀가 장차 너희 가운데에서 몇 사람을
옥에 던져 시험을 받게 하리니,
너희가 십 일 동안 환난을 받으리라.
네가 죽도록 충성하라.
리하면 내가 **생명의 관**을 네게 주리라.
귀 있는 자는 성령이 교회들에게
하시는 말씀을 들을지어다.
이기는 자는 둘째 사망의 해를 받지 아니하리라.

계시록 2:8~11

성서에는 상이나 계급으로 이해되는 여러 면류관이 언급되어 있습니다. 그러나 천국이 공평한 곳이라고 한다면 하나님께서는 왜 이렇게 많은 계급과 상을 만드셨을까요?

하나님은 왜 보상체계를 만드셨나?

상급에 관한 이야기를 할 때, 하나님을 믿는 신앙인들의 마음은 언제나 기쁨과 흥분으로 두근거릴 것입니다. 천지 창조부터 영원한 천국 완성까지 이 세상은 하나님의 깊으신 뜻과 진리의 말씀으로 진행 중인 역사이며, 사탄이 땅을 다스리는 동안 시험과 미혹을 겪게 되는 사람들이 그것을 극복하는 역사입니다. 하나님께서는 예수 그리스도를 통하여 천국의 씨를 흩으셨고, 믿는 자들에게 뿌리를 내리셔서 좋은 열매를 맺게 하셨습니다.

좋은 열매란 무엇일까요? 하나님께서 우리를 사랑하신 것처럼 이웃을 사랑하는 것입니다. 이것은 날마다 하나님의 말씀을 읽고 묵상하며, 죄의 본성을 이기고, 하나님의 뜻을 행할 수 있도록 은혜를 간구함으로써 가능케 됩니다. 그리고 그러한 노력의 결실로 맺은 열매만이 우리가 하나님으로부터 인정을 받고 있다는 보상의 증거입니다.

천국에 가는 것은 어려운 일입니다. 또 천국은 세상에서 요구하는 것과는 다른 노력을 필요로 합니다. 그리스도인들은 하나님께서 그들에게 주신 은혜를 받고자 열심히 일한다고 말합니다. 그러나 그러한 인간적이고 세상적인 노력만으로는 우리가 천국에 가는 조건을 모두 충족할 수 없습니다. 타락한 인간의 마음을 생각하면 하나님을 위한다는 노력이 오히려 악한 이기심에서 비롯된 것일 수도 있기 때문입니다.

또 믿는다고 시인하는 것만으로는 하나님의 인정을 받을 만한 조건이 충족되지 않습니다. 우리는 더 본질적인 것이 필요합니다. 인간의 약함으로 선한 동기나 노력이 얕아질 수 있음에도 우리는 성경의 말씀대로 행해야 하는 소명을 받았습니다.

예수께서 말씀하셨습니다. "보라 내가 속히 오리니 내가 줄 상이 내게 있어 각 사람에게 그가 행한 대로 갚아 주리라(계 22:12)" 대부분의 기독교인은 예수님께서 말씀하신 이 상을 원합니다. 행한 대로 갚아 주신다는 말씀대로 우리의 노력만큼 그 보상은 달라질 것입니다.

그렇다면 우리가 해야 할 이 "일"은 정확히 무엇을 말하고 있습니까? 하나님의 기준에 따른 "일"은 복음 전파와 하나님의 뜻대로 사는 삶입니다. 여기에는 금식과 기도(개인적으로나 교회 및 단체적으로), 그리고 하나님의 말씀을 공부하는 것이 포함됩니다. 그분을 향한 헌신이 자랄수록 우리는 그분을 점점 더 사랑하게 되는 영적인 체험을 얻습니다. 그러한 은혜가 우리로 하여금 선한 일을 하고 선한 열매를 맺을 수 있도록 힘을 줍니다.

예수 그리스도를 믿는 신실한 신자들이 천년기에 부활할 때 그들이 왕과 왕비가 되고 그들의 머리 위에 면류관이 쓰일 것입니다. 하지만 어떻게 살았느냐에 따라 보상의 척도가 달라집니다. 더 큰 보상을 받는 사람은 더 큰 영토를 다스리고, 더 작은 보상을 받는 사람은 더 적은 영토를 다스릴 것이라고 믿습니다. 천 년이 지나 완성된 영원한 천국이 마침내 도래하면 모든 사람이 천국에 들어가 영원히 행복하게 살 수 있습니다. 이렇게 보상의 개념을 정의하면 보상 시스템과 관련된 모든 문제가 해결됩니다.

진정한 행복으로 가는 길

"인생이란 무엇인가"라는 질문에 대부분의 기독교인은 "인생은 하나님의 뜻에 따라 사는 것"이라고 말합니다. 물론 비기독교인들은 그런 대답을 이해하지 못합니다. 또 어떤 기독교인들에게는 그러한 대답이 너무 신학적일 것입니다. 그들에게도 삶은 힘들고 위험하며 그저 어려울 수 있습니다. 신자들은 자신의 삶을 하나님이 인도하신다고 말하지만, 장성한 신자들도 시련이 닥치면 자기 삶의 주체가 하나님인지 의심을 할 때가 있습니다. 그러므로 기독교인들에게 있어서 삶의 의미가 무엇인지에 대한 참된 답을 찾는 것은 매우 중요합니다.

수많은 기독교인이 주일마다 성경을 듣고 교회에서 예배를 드리며, 하나님의 축복과 상급에 대한 목회자들의 격려의 말씀을 듣고 있습니다. 대부분의 사람들이 교회에서만큼은 다른 곳에서 하지 않는 미소를 지으며 서로를 위해 선한 일을 합니다. 그러나 교회 밖에서는 많은 기독교인이 마치 그리스도가 그들의 삶과 아무 상관이 없는 것처럼 삽니다. 그들은 상대방에게 상처를 주는 말과 행동을 주저하지 않습니다. 일부는 자기중심적이고, 일부는 폭력적이며, 또 일부는 도둑질이나 도박 등의 행위도 서슴지 않습니다. 왜 기독교인들이 이렇게 의로움이 부족한 삶을 살까요? 대답은 아주 간단합니다. 그들이 성경 중심의 삶을 살지 않기 때문입니다.

성경은 역사상 가장 많이 팔린 책입니다. 그럼에도 불구하고 성경을 읽은 많은 그리스도인조차 그들의 삶을 변화시키는 방법으로 성경과 관련을 짓지 않습니다. 어떤 사람들은 성경을 오늘날과 아무런 연관이 없는 다른 시간 차원의 머나먼 일에 관한 이야기일 뿐이라고 생각합니다. 만일 그들이 성경의 의미를 진정으로 이해한다면, 그들의 방식대로 살지 않기 위해 그리스도와 친밀한 관계를 갖도록 노력할 것입니다.

우리는 성경이 여러분의 일상생활과 어떤 관련이 있는지를 면밀히 살펴볼 필요가 있습니다.

삶의 의미와 행복을 담고 있는 복음

오래전, 무신론자였을 때 저희는 인생이 무슨 의미인지에 대한 답을 찾고자 하는 마음으로 성경을 공부했습니다. 그리고 다행히도 많은 고민과 노력 끝에 그 답을 발견했습니다. 비록 무겁고 어려운 종교적 교리 같은 부분이 있지만, 수많은 사람이 성경에서 인생을 어떻게 살아갈지에 대한 길을 찾게 됩니다.

성경의 어느 부분에서 삶의 목적과 진정한 행복을 발견할 수 있을까요? 바로 성경의 첫 번째 책인 창세기부터 마지막 요한계시록까지입니다. 대부분의 사람들은 성경이 너무 길어서 그 수많은 페이지를 읽기가 어려우므로 집중 요약인 복음을 읽으라고 권합니다. 그러나 그러한 조언은 성경을 배우는 시작 단계에서만 적용될 수 있지 우리가 찾는 답을 찾기에는 턱없이 부족합니다.

복음 전파의 슬픈 사실

복음은 교회와 선교 단체, 그리고 예수님에 대해 이야기하는 모든 기독교인에 의해 수도 없이 거론됩니다. 또 복음 관련 서적은 아주 많습니다. 그러나 대부분은 이 책에서 다루는 것과 동일한 문제를 다루지 않고 있습니다. 확실히, 복음 서적은 많은 사람이 예수 그리스도를 주님이며 구원자라고 믿도록 기여했습니다. 그럼에도 불구하고 복음에 대한 구원의 지식만으로는 믿음이 약해지고 타락하는 것을 막을 수 없습니다.

문제는 하나님이 성경을 통해 전하고자 하는 삶의 의미와 예수님이 전하고자 하는 복음의 내용을 4개의 복음서만으로 온전히 전달할 수 없다는 데 있습니다. 하나님과 인간의 죄, 그리고 예수 그리스도와 기독교 신앙에 관한 이야기 이상의 것이 성경 전체에 녹아 있기 때문입니다.

수많은 복음 관련 서적은 그 성격이 너무 일반적이어서 인간의 삶을 자세히 설명하지 못하기 때문에 진정한 영혼의 양식이 될 수 없습니다. 복음 서적들로 인해 비기독교인이 예수 그리스도를 믿음으로 영접할 수도 있고, 오랫동안 교회를 떠난 사람이 예수님을 다시 일시적으로 받아들일 수도 있지만, 그런 얕은 믿음은 성경의 깊은 가르침을 일상생활로 옮기는 자양분으로서 충분하지 않기 때문에 결국 잘 자라지 못합니다.

사실, 그리스도 안에서 완전한 변화를 추구하지 않는 가르침은 그 사람의 삶과 아무런 관련이 없습니다. 그러한 얕은 믿음의 기독교인들은 일터와 사업, 인간관계에서 사람들에게 상처를 주고, 결과적으로 전체적인 개념의 기독교 자체가 그런 이유로 인해 세상의 나머지 사람들에게 조롱을 당하게 됩니다. 저희는 교회의 부패가 희석된 복음의 가르침에 의한 부산물이라고 믿습니다.

참된 신앙의 살아 있는 복음

복음 전체를 제시하지 않는 것은 복음의 본질을 잃게 만듭니다. 즉, 하나님에 대한 우리의 신앙이나 믿음을 개인적인 느낌과 경험, 또는 주관적 상상이 바탕이 되는 방식으로 유도합니다. 그렇기 때문에 많은 기독교인이 겉모습만 그럴듯하게 그리스도인처럼 행동하는 것입니다. 참되고 진실한 믿음은 자신의 생명이 예수 그리스도에게 맡겨졌다는 증거와 함께 나타납니다. 그러나 오히려 많은 신자가 한때의, "신앙적 도약"으로 기독교인이 됩니다. 결과적으로 그들은 자신에게 진정한 믿음이 있는지조차 그 여부를 알 수 없습니다. 그러한 믿음의 증거를 나타내는 것은 복음 제시(Gospel presentation) 과정에서 그들에게 충분히 설명되지 않았기 때문입니다.

그렇다면 우리에게 그리스도를 향한 참된 믿음이 있다는 증거는 무엇입니까? 하나님의 말씀을 연구하고 가르치고, 다른 사람들을 섬기고, 예수 그리스도의 참된 복음을 비기독교인들과 나누는 것입니다. 오랜 시간(하루에 한 시간 이상) 기도하는 것도 중요합니다. 왜냐하면 기도는 우리 기독교인이 죄를 이기고 의롭고 거룩하게 살 수 있는 권능을 하나님으로부터 받는 통로이기 때문입니다.

교회 지도자로서 교인들이 이 증거를 정상적인 생활 방식으로 나타내도록 돕지 않을 때, 그들은 유혹에 빠지기 쉽고, 그들의 죄를 거듭거듭 반복합니다. 이로 인해 그들은 죄책감과 수치심으로 고통을 받습니다. 예수님을 믿기 때문에 천국 가는 길에 관한 목사님의 말씀을 듣고 잠시 희망이 생기겠지만, 거듭되는 죄의 문제는 적어도 그들이 죽을 때까지 해결되지 않습니다. 그리고 이것이 바로 많은 기독교인이 직면하고 있는 슬픈 현실입니다.

우리가 진정으로 하나님을 믿는다면 믿음의 증거가 우리 삶에서 분명히 나타나야 합니다. 예를 들어, 우리는 삶의 가장 평범한 부분에서도 이것을 표현하고자 합니다. 일기 예보가 비를 예보하면 우산을 가지고 나갑니다. 그 행동은 일기 예보에 대한 믿음이나 신뢰의 증거입니다. 우리가 고의로 우산을 가지고 다니지 않는다면, 이것은 실제로 일기 예보의 타당성이나 진실을 믿지 않는다는 것을 보여 줍니다. 예수께서는 밭에서 보물을 찾은 이야기를 하시면서 이 증거에 대해 말씀하셨습니다.

천국은 마치 밭에 감추인 보화와 같으니,
사람이 이를 발견한 후 숨겨 두고 기뻐하며 돌아가서
자기의 소유를 다 팔아 그 밭을 사느니라.

마태복음 13:44

숨겨진 보물을 찾은 사람처럼 복음에 대한 우리의 기쁨은 자연스럽게 우리의 믿음이 얼마나 진정성 있는지 다른 사람들에게도 드러날 수 있을 정도로 행동하게 합니다. 우리의 믿음이 그처럼 현실적이고 분명할 때, 우리는 가장 부유하고 유명한 사람들조차도 갖는 슬픔이나 외로움을 안고 살 필요가 없습니다.

세계적으로 유명한 영화배우나 가수들은 그들이 원한다면 트럭에 가득 실린 보물을 살 수 있는 재력을 갖고 있습니다. 그들은 비벌리힐스에 저택과 유럽의 성을 소유하고 있습니다. 더욱이 그들은 영적 공허함을 채울 만한 신앙이 없는 수백만 명의 사람들에게 신과도 같은 대접을 받습니다. 그러나 이 유명인 중 많은 이가 술과 미인, 마약의 호

화로운 파티를 여는 것으로 삶의 공허함을 채우고 있습니다. 안타깝게도 이들은 결국 알코올과 섹스, 마약 등에 중독되고, 일부는 먼저 무명 속으로 사라지거나, 심한 경우 20대와 30대에 사망합니다. 많은 것을 이루고 성공했음에도 그들은 왜 그렇게 어리석게 살고 있을까요? 아마도 복음을 이해하지 못하고 받아들이지 못했기에, 하나님만이 채울 수 있는 공허함을 인간의 이기적인 욕망과 야심으로 채웠기 때문일 것입니다. 그러나 사탄의 삶을 추구하는 것은 결코 행복이나 영생으로 우리를 인도할 수 없습니다.

성경은 "성적 부도덕, 더러움, 방탕, 우상숭배, 마술, 미움, 불화, 시기, 격노, 이기적인 야망, 분열, 파벌 싸움, 시기, 술 취함, 방탕함과 그와 같은 것"을 모두 추악한 일이라고 말합니다. 이 모든 것 중 가장 슬픈 부분은 "이런 일을 하는 자들은 하나님의 나라를 유업으로 받지 못할 것(갈 5:19~21)"이라는 사실입니다.

사탄은 사람들을 유혹해 넘어지게 합니다. 구원받지 못한 자, 곧 복음을 거부하고 육신의 소욕을 좇는 자에게 하나님은 이런 유혹을 허락하십니다. 디모데전서 6장 9절은 "부하려 하는 자들은 시험과 올무와 여러 가지 어리석고 해로운 욕심에 떨어지나니 곧 사람으로 파멸과 멸망에 빠지게 하는 것이라"라고 경고합니다.

참된 믿음의 증거는 하나님의 왕국을 상속받는 것입니다. 우리는 혼자가 아닙니다. 우리가 어리석게 행동하도록 유혹받을 때, 하나님은 우리에게 탈출구를 주시겠다고 약속하십니다. 우리는 그분에게 도움을 청해야 합니다.

사람이 감당할 시험 밖에는 너희가 당한 것이 없나니
오직 하나님은 미쁘사 너희가 감당하지 못할 시험 당함을
허락하지 아니하시고 시험 당할 즈음에
또한 피할 길을 내사 너희로 능히 감당하게 하시느니라.

고린도전서 10:13

부와 명예는 결코 사람의 영혼 속에 있는 공허함을 완전히 채우지 못합니다. 헤아릴 수 없는 부를 소유했던 유명한 솔로몬 왕조차도 "헛되다, 헛되다, 다 헛되다!"라며 한탄하였습니다. 사람의 내면에 공허함이 얼마나 강한지 알 수 있는 것입니다. 영은 물질적 세상을 위해 만들어지지 않았기 때문에 사람은 세상의 어떤 것으로도 진정으로 만족할 수 없습니다. 그렇기 때문에 부와 명예가 높아지면 공허함도 함께 커지는 것입니다. 사람들은 공허함을 술과 섹스, 마약 등 다른 것으로 채우려고 하지만, 그러한 것에 취하면 취할수록 공허함이 영혼을 더욱 가득 채웁니다. 세상 무엇이 우리의 심연을 채울 수 있겠습니까?

내가 전심으로 주를 찾았사오니 주의 계명에서 떠나지
말게 하소서. 내가 주께 범죄하지 아니하려 하여
주의 말씀을 내 마음에 두었나이다.

시편 119:10~11

영적 공백을 채우기 위해서 우리는 모든 인간의 영적 뿌리로 돌아가 영혼의 창조주 하나님께 나아가야 합니다. 우리의 창조주는 우리를 그의 모양과 그의 영으로 만들었습니다. 마치 고아가 친어머니를 찾듯이 창조주 하나님을 만나지 않고는 공허한 영혼을 채울 수 없습니다. 두

려움과 외로움에 시달리는 사람도 하나님을 만나면 자유로워질 수 있습니다.

하나님을 만난다는 것은 하나님과의 관계를 수립하고 하나님의 영 안에서 하나가 되는 것을 의미합니다. 하나님은 영이시기 때문에 우리와 영적으로 관계를 맺고 하나가 되기를 원하십니다. 그래서 예수님을 이 땅에 보내셨습니다. 하나님은 모든 인간을 얼마나 사랑하시는지 보여 주고 싶었고, 그렇게 하셨습니다. 하나님의 아들이신 예수님은 누구든지 죄를 아무리 많이 지었다 해도 그 죄를 용서받을 수 있을 것이며 하나님과 사랑의 관계에 들어갈 수 있다는 것을 모든 사람에게 보여 주시기 위해 기꺼이 십자가에서 죽으셨습니다.

우리는 예수님을 통해 하나님을 만납니다. 예수님을 아는 가장 좋은 방법은 성경과 복음을 공부하고 하나님께 정직하게 말하는 기도입니다. 우리는 무엇보다 우리를 사랑하시는 창조주 그분께 이야기해야 합니다. 기도는 영적인 훈련입니다. 더 많이 기도할수록 영이 살아나는 것을 경험할 것입니다. 그분의 기쁨과 평화를 느끼고 하나님이 실재하신다는 것을 깨닫게 될 것입니다.

우리가 무슨 일이든지 우리에게서 난 것 같이
스스로 만족할 것이 아니니
우리의 만족은 오직 하나님으로부터 나느니라.

고린도후서 3:5

기도하고 하나님의 말씀을 주의 깊게 연구하면 믿음이 굳게 서서 날마다 하나님을 만날 수 있습니다.

내게 능력 주시는 자 안에서

내가 모든 것을 할 수 있느니라.

빌립보서 4:13

어떤 하나님을 만나는가?

기독교, 천주교, 유대교, 이슬람교는 겉보기에 같은 신으로 시작되었습니다. 그러나 오늘날 이 네 종교는 실제로 네 가지 다른 버전의 하나님을 섬기고 있습니다. 하나님은 어제나 오늘이나 영원토록 동일하시지만, 인간의 종교는 하나님을 변화시켰습니다.

기독교 안에서도 하나님은 왜곡되어 있습니다. 거짓 기독교 교사들은 예수 그리스도가 주님이시며 구세주이신 사실과 성경에 나오는 기적들이 실제로 일어났음을 부인합니다. 이 거짓 교사들은 성경을 하나님의 영감으로 완성된 책이 아닌 단순한 지혜의 책으로 취급합니다. 그 결과 "하나님은 동성애를 문제 삼지 않는다"라는 인간이 만든 교리와 이론을 전하며 동성애를 "가증한 것"이라고 하신 하나님의 말씀을 완전히 무시합니다.

그 결과 거짓 교사들은 교인들의 마음과 생각에 하나님의 마음에 대한 거짓된 형상을 그립니다. 이것은 하나님을 실제로 경험하지 않은 사람에게 더 쉽게 적용할 수 있습니다. 그러나 사람이 진정으로 자신의 영으로 하나님을 만나고 그리스도를 따르고자 하는 열망을 표현할 때, 우리는 그가 거듭났다고 말합니다. 사람이 영으로 태어날 때 우리는 그 증거를 봅니다. 그리고 그 증거에 대해 성경은 다음과 같이 확신합니다.

그런즉 누구든지 그리스도 안에 있으면 새로운
피조물이라. 이전 것은 지나갔으니 보라 새 것이 되었도다.

고린도후서 5:17

새 신자들 안에 있는 새 하늘의 영은 참된 것과 거짓된 영적인 가르침을 분별하도록 도우십니다. 하나님의 영을 인도자로 삼아 하나님을 추구할 때, 그들은 에베소서의 말씀처럼 "어린 아이처럼 되지 않을 것이며, 사람의 속임수와 간사한 유혹에 빠져 온갖 교훈의 풍조에 밀려 요동하지 않는(엡 4:14)" 모습으로 변화됩니다.

이러한 영적 성숙은 자동으로 발생하지 않습니다. 우리 안에 거하시는 하나님의 영에 따라 행동해야 할 책임이 선행되기 때문입니다. 사도 바울이 그 방법을 알려 줍니다.

너희는 유혹의 욕심을 따라 썩어져 가는 구습을 따르는
옛 사람을 벗어 버리고 오직 너희의 심령이 새롭게 되어
하나님을 따라 의와 진리의 거룩함으로 지으심을 받은
새 사람을 입으라.

에베소서 4:22~24

하나님의 말씀을 공부하고 우리의 형상이 하나님의 형상처럼 되기를 간절히 기도하다 보면 하나님처럼 생각하고 행동하게 됩니다. 그러나 사람들은 하나님의 영을 거역합니다. 그들은 그들이 추구하는 하나님의 형상을 창조하고 그 거짓 형상을 모방할 것을 주장합니다.

하나님의 형상을 바꾸려는 인간의 시도는 새로운 현상이 아닙니다. 이스라엘 백성은 메시아를 아주 오랫동안 기다렸지만 메시아가 오실

때 하실 일에 관해서는 잘못된 이미지를 갖고 있었습니다. 예수님을 따르는 사람들 대부분은 그분이 표적과 기사와 기적을 행하여 로마제국의 압제에서 그들을 구출할 것이라고 생각했습니다. 물론 예수님은 그렇게 하지 않으셨습니다.

예수님은 병자를 고치셨지만 병을 없애지는 않으셨습니다. 떡 다섯 개와 물고기 두 마리로 오천 명을 먹이셨지만 기근이나 가난을 없애지는 않으셨습니다. 예수님은 인간 영혼의 문제를 해결하러 오셨지만 아무도 그것을 제대로 이해하지 못했습니다.

가룟 유다는 3년 동안 예수님을 따라다닌 뒤에도 그에게서 정치적 구원을 기대했습니다. 유다는 예수님이 로마로부터 이스라엘의 독립을 위해 싸우지 않는 것을 보고 예수님을 배신했습니다. 아마 유다는 "예수님이 로마군에게 체포되면 초자연적인 능력을 사용하여 스스로를 해방하고 이스라엘의 독립을 위해 싸울 것"이라고 생각했을지도 모릅니다. 하지만 예수님은 유다의 기대대로 반응하지 않으셨습니다. 채찍질을 당하고 사람들은 그에게 침을 뱉었습니다. 예수님은 가시관이 머리에 씌울 때에도 로마군에게 보복하지 않으셨고, 십자가를 지고 죽으실 때도 정치적으로 관련된 말씀은 전혀 하지 않으셨습니다. 그분은 이사야서 53장에 나오는 메시아에 관한 예언을 성취시키기 위해 그렇게 하셨습니다. 여기서 우리는 메시아가 지상에서 하실 일에 대한 구체적인 설명을 볼 수 있습니다.

유대 종교 지도자들도 유다처럼 메시아에 대한 그들만의 이미지를 가지고 있었습니다. 그들은 예수의 인기에 위협을 느꼈고 군중이 예수의 죽음을 요구하도록 선동하였습니다. 불과 며칠 전만 해도 사람들은 예수님을 향해 "구주"를 의미하는 "호산나!"를 외쳤습니다. 스가랴 9장

9절에 나오는 메시아에 관한 또 다른 예언을 성취하면서 나귀를 타고 예루살렘에 입성하실 때도 사람들은 그분에게 환호하였습니다.

도대체 그 최초의 신자들에게 무슨 일이 일어났던 것일까요?

그들은 예수님이 그들에게 줄 준비가 되어 있지 않은 이스라엘의 독립을 원했습니다. 그래서 그들은 예수님이 로마 재판을 심판하지 않으셨을 때나 로마 군인들이 그들 앞에서 채찍질하고 침 뱉고 조롱했을 때 실망했습니다. 실망한 그들은 유대 종교 지도자들의 말에 동의하여 빌라도 앞에서 예수님이 십자가 형벌로 죽기를 바란다고 외쳤습니다.

그들은 그렇게 예수님에 대한 생각을 바꿨습니다.

이것은 무서운 이야기입니다. 하지만 오늘날의 많은 기독교인도 사실 예수의 죽음을 외쳤던 군중과 크게 다르지 않습니다. 많은 기독교인이 자신이 원하는 신을 만들지 않습니까? 그들의 필요와 욕망에 부합한 하나님 말입니다. 그분이 그들의 기대에 미치지 못한다는 것을 발견할 때마다 그들은 그분을 낡은 신발처럼 버리지 않습니까?

이것이 우리가 참 복음을 들어야 하는 이유입니다.

> 하나님은 모든 사람이 구원을 받으며 진리를 아는 데에
> 이르기를 원하시느니라. 하나님은 한 분이시오
> 또 하나님과 사람 사이에 중보자도 한 분이시니
> 곧 사람이신 그리스도 예수라.
>
> 디모데전서 2:4~5

Chapter 9
하나님의 계획 이해하기

이제 우리가 해야 할 일은 분명합니다. 하나님이 어떤 분이신지, 왜 남자와 여자를 만드셨는지, 또 이 세상을 향한 그분의 계획이 무엇인지 주의 깊게 생각해 보아야 합니다. 이것은 모든 인간(무신론자를 포함한)이 찾고 있는 삶의 의미를 이해하는 데 도움이 될 것입니다.

성경에서 말하는 하나님은 누구인가?

사실, 모든 신자는 자신의 영혼 깊은 곳에 하나님의 모습을 가지고 있습니다. 때로 하나님은 갑자기 우리의 양심으로 가장하여 나타나셔서 의와 악을 깨닫게 하십니다. 우리 양심의 하나님은 성경의 하나님이신 성령이십니다.

> 너희 몸은 너희가 하나님께로부터 받은 바
> 너희 가운데 계신 성령의 전인 줄을 알지 못하느냐
> 너희는 너희 자신의 것이 아니라.
>
> 고린도전서 6:19

성경은 구체적으로 하나님의 내적 성품을 표현하고 있습니다. 첫째, 그분은 우주를 창조하신 분이십니다. 성경을 믿는다면 아무도 이것을 부인하지 않을 것입니다. 그렇다면 하나님은 왜 우주를 창조하셨을까요? 놀랍게도 그것은 우리 모두 때문입니다. 하나님은 우리를 사랑하시기 때문에 이 세상을 창조하셨습니다. 감히 누군가 "성경 어디에서 그렇게 말합니까?"라고 묻는다면 여기에 있다고 답변하겠습니다.

하나님이 자기 형상 곧 **하나님의 형상대로 사람을 창조하시되** 남자와 여자를 창조하시고, 하나님이 그들에게 복을 주시며 하나님이 그들에게 **이르시되 생육하고 번성하여 땅에 충만하라, 땅을 정복하라, 바다의 물고기와 하늘의 새와 땅에 움직이는 모든 생물을 다스리라** 하시니라. 하나님이 이르시되 **내가 온 지면의 씨 맺는 모든 채소와 씨 가진 열매 맺는 모든 나무를 너희에게 주노니** 너희의 먹을 거리가 되리라. 또 땅의 모든 짐승과 하늘의 모든 새와 생명이 있어 **땅에 기는 모든 것에게는 내가 모든 푸른 풀을 먹을 거리로 주노라** 하시니 그대로 되니라.

창세기 1:27~30

이처럼 하나님은 우리 모두에게 온 세상을 주셨습니다. 이것이 그가 우주를 창조한 이유입니다. 해, 달, 동물, 식물 등 모든 것이 우리를 위해 창조되었습니다. 우리는 여기에서 하나님의 내적 성품을 발견할 수 있습니다. 그분이 바로 사랑이십니다. 하나님은 사람을 너무 사랑하셔서 우리를 위해 온 세상을 창조하셨습니다.

하나님은 왜 인간을 창조하셨는가?

하나님은 왜 우리를 그토록 사랑하시는 걸까요? 답은 여기에 있습니다.

그 **기쁘신 뜻대로** 우리를 예정하사 예수 그리스도로
말미암아 자기의 아들들이 되게 하셨으니

에베소서 1:5

우리는 그가 만드신 바라 그리스도 예수 안에서 **선한 일을**
위하여 지으심을 받은 자니 이 일은 하나님이 전에
예비하사 우리로 그 가운데서 행하게 하려 하심이니라

에베소서 2:10

위 구절에 따르면, 하나님은 자신의 기쁨, 그리고 세상에 자신을 나타내시기 위해 사람을 창조하셨습니다. 이것이 무엇을 의미하는 것일까요? "왜 아버지는 아들을 갖고 싶어 할까?"라는 질문을 해 보십시오. 그의 유산을 이어가는 것입니다. 왜 사람은 자신의 유산을 계속 잇고 싶어 할까요? 자신의 가치를 세상에 알리기 위함입니다. 즉, 사람이 자식을 낳는 것은 자신의 가치를 드러낼 수 있다는 뜻입니다. 마찬가지로 하나님이 자신의 기쁨을 위해 사람을 창조하셨다는 것은 자신의 가치를 드러내기 위해 사람을 창조하셨다는 뜻입니다. 그러면 우리는 하나님의 자기 가치를 어떻게 정의할 수 있습니까? 다음 구절을 보십시오.

여호와여 위대하심과 권능과 영광과 승리와 위엄이
다 주께 속하였사오니 **천지에 있는 것이**
다 주의 것이로소이다. 여호와여 주권도 주께
속하였사오니 **주는 높으사 만물의 머리**이심이니이다.

역대상 29:11

여기에서 우리는 주권으로 온 우주를 그의 손으로 붙드시는 하나님을 봅니다. 그뿐만 아니라 하나님은 전지(omniscient)하시고, 전능하시고(omnipotent) 어디서나 존재하시고(omnipresent) 불변이시며 거룩하십니다. 그리고 하나님의 이 모든 속성의 기초는 바로 사랑입니다.

하나님이 우리를 사랑하시는 사랑을 우리가 알고 믿었노니
하나님은 사랑이시라. 사랑 안에 거하는 자는
하나님 안에 거하고 하나님도 그의 안에 거하시느니라.

요한일서 4:16

하나님은 사랑할 누군가가 필요하고, 그것이 그분 본질의 핵심입니다. 그 사랑의 대상은 다름 아닌 저와 여러분, 그리고 아담과 하와로부터 시작하는 모든 사람입니다. 왜 이토록 인간을 사랑하기를 원하셨을까요? 하나님은 특별히 인간을 창조하셨고 인간만을 그의 형상대로 창조하셨기 때문입니다. 여러분의 마음에 하나님의 핵심인 내적 성품이 있기 때문에, 다른 사람들에게 하나님의 사랑을 이해하고 받아들이도록 보여 줄 수 있는 능력이 있음을 믿으십시오.

성경의 또 다른 진리는 하나님께서 찬양과 경배를 받기 위해 여러분을 창조하셨다는 것입니다.

이 백성은 내가 **나를 위하여 지었나니**
나를 찬송하게 하려 함이니라.

이사야 43:21

이 개념은 이해하기 쉽지 않습니다. 부모가 자녀에게 칭찬받기 위해 자녀를 갖는 것이 아니기 때문입니다. 그러나 우리는 이 목적 뒤에 숨겨진 더 큰 하나님의 사랑이 있음을 이해해야 합니다. 사람은 하나님을 떠나서 진정으로 행복하지 않습니다. 이 사실을 깨닫는 가장 좋은 방법은 찬양과 예배를 통해 오직 하나님께만 집중하는 것입니다. 여기서 우리는 하나님께서 우리에게 감사와 순종을 요구하시는 이유를 이해할 수 있습니다. 그분께 감사하고 순종하는 것은 자연스러운 일입니다. 찬양과 예배, 그리고 감사와 순종은 하나님과 사람 사이를 연결하는 사랑의 메커니즘입니다.

감사로 제사를 드리는 자가 나를 영화롭게 하나니
그의 행위를 옳게 하는 자에게 내가 하나님의 구원을 보이리라.

시편 50:23

네가 네 **하나님 여호와의 말씀을 청종하면 이 모든 복이**
네게 임하며 네게 이르리니.

신명기 28:2

하나님은 아담과 하와 때부터 우리를 위해 이 아름다운 세상을 창조하셨고, 또 동시에 인간은 하나님을 사랑하도록 창조되었습니다. 이 놀라운 생명의 선물과 메시아를 통한 그분의 구원 계획을 받은 사람으로서 그분께 감사하고 순종하며 그분을 찬양하는 것은 어쩌면 당연한 우리의 책임입니다. 게다가 그분께 감사하고 찬양해야 할 더 많은 이유가 있는데, 그것은 우리를 기다리는 영원한 천국과 상급이 있다는 점입니다.

인간은 왜 육체를 갖게 되었는가?

사람의 본질은 영인데 왜 하나님은 사람을 영으로만 창조하지 않고 육체를 주셨을까요? 육체가 죽은 후에는 영으로 돌아가게 하셨는데 왜 그런 번거로운 일을 하셨을까요? 이것에 대해서 우리는 사탄의 반역을 알아야 합니다. 사탄은 영으로 창조된 천사였습니다. 그는 영이신 하나님과 함께했고 대화도 할 수 있었으며 볼 수도 있었습니다. 그럼에도 자신의 자유 의지로 하나님께 반역하였고 반역한 천사들은 용서받을 기회를 놓쳤습니다.

원래, 천사는 하나님의 자녀가 될 후사를 도우라고 만드신 하나님의 종이었습니다. 그런데 왜 천사들이 하나님을 반역하게 되었는가에 대한 이유는 성경의 스토리로 짐작할 수 있습니다. 하나님의 계획은 하나님의 자녀를 위해 천사를 창조하여 종으로 삼았습니다. 하나님께서 천지를 창조하셨을 때 천사들은 하나님을 섬기며 모두 기뻐하고 찬양하였습니다. 그러나 루시퍼는 이 모든 우주가 앞으로 창조될 하나님의 자녀인 인간을 위한 것임을 알게 되었고, 자신은 영원히 인간을 섬기는 존재라는 것을 깨닫게 된 것입니다. 그래서 하나님에 대한 반발과 아직 창조되지 않은 인간에 대한 질투심을 느낀 루시퍼는 천사의 삼분의 일을 유혹하여 하나님을 반역하였습니다.

그러나 하나님은 천사들이 반역할 것을 미리 알고 계셨지만 이 모든 것조차 하나님의 계획 안에 두셨습니다. 천사의 반역을 계기로 진정한 하나님의 자녀를 얻으려는 것이 그분이 계획이셨습니다. 그러므로 아직 하나님의 계획이 끝나지 않았기 때문에 아직도 반역한 천사들을 멸하지 않고 계신 것입니다.

만약 사람도 처음부터 영으로 창조되었다면, 하나님과 대화하며, 하나님에 대하여 온전히 알 수 있었을 것입니다. 또 사람은 사탄의 유혹이 아닌 스스로 자발적인 반역을 저지를 가능성도 충분히 있었습니다. 이럴 경우, 사람도 사탄처럼 용서받지 못할 것이고, 하나님의 자녀도 될 수 없었을 것입니다.

그래서 하나님은 천지를 창조하신 후, 지구에 육체를 가진 인간을 창조하셨습니다. 하나님의 영(생령)을 받았지만 사람은 육체의 제한으로 하나님과 온전한 대화를 하거나 진정한 하나님을 깨달을 수가 없었습니다.

이미 하나님은 사탄이 사람을 유혹할 것을 알고 계셨습니다. 아담과 하와가 에덴동산에 거할 때 사탄의 유혹이 시작되었습니다. 사탄의 유혹에 넘어간 아담과 하와는 죄를 짓게 되고, 동산에서 쫓겨났으며 그 죄가 자손들에게 유전되었습니다. 그래서 그 이후 아담과 하와의 자손들은 태어날 때부터 원죄를 갖게 된 것입니다. 영적인 죄라는 것이 부모를 통해 자자손손 물려받게 되었습니다. 우리의 육체적, 정신적 특징이 유전적으로 자녀들에게 전해지는 것과 같은 개념입니다. 우리 몸의 DNA가 있듯이, 영적 DNA가 존재하며 원죄로 인해 인류는 모두 죄성의 유전인자를 갖게 되었습니다.

이러한 원죄의 개념 때문에 많은 비기독교인이 하나님은 공평하지 않다고도 합니다. 아기가 태어나면서 자신의 선택과는 무관하게 이미 원죄를 갖고 있다는 것에 대해서 받아들이기가 쉽지 않기 때문입니다.

하지만 원죄의 개념은 하나님이 불공평한 분이 아닌, 하나님께서 진정 사랑하는 자녀를 얻기 위함의 한 방법이라고 볼 수 있습니다. 그래서 이러한 죄를 갖고 태어난 사람들을 위하여 누군가가 대신 죽어 줄 수 있는 대속의 형태로 인간들의 죄를 사해줘야 하는데, 그분이 바로 독생자이신 예수님이십니다. 자신의 생명까지도 주실 만큼 사랑하는 자녀인 것입니다. 예수님은 우리를 위하여 십자가에 살이 찢어지고 피 흘려 돌아가셨습니다. 엄마가 아기를 출산할 때 살이 찢어지거나 피가 터지는 엄청난 고통을 겪습니다. 그 고통 가운데 태어난 아기를 자신의 생명보다도 더 사랑하는 것이 진정한 사랑입니다. 하나님도 하나님 자신의 살이 찢어지고 피를 흘리는 고통 가운데 태어난 사람을 진정한 하나님의 자녀로 삼기 원하신 것입니다.

메시아 이후의 하나님의 구원 계획

여러분을 향한 하나님의 계획은 메시아의 부활로 끝나지 않았습니다. 하나님의 구원 계획은 그분께서 아주 오랫동안 상상하신 영원한 천국의 세계가 완성될 때까지 여러분의 삶에서 여전히 진행되고 있습니다. 그곳에서 하나님은 그분의 사랑과 영원을 우리 각자와 나누실 것이며 우리는 그분을 영원히 사랑할 것입니다. 이 구원의 전반적인 계획을 이해하면 우리가 천국에 가기 전에 왜 이 땅에 존재해야 하는지를 이해하는 데 도움이 될 것입니다.

천국에 비하면 이 세상은 불완전합니다. 예수 그리스도께서 짧은 시간 동안 이 땅을 방문하셨지만, 세상은 우리의 죄성을 이용하여 우리 삶을 시험과 유혹으로 채우는 사탄의 지배를 받게 하고 있습니다. 그러나 하나님은 지상에 있는 우리가 고난과 시험을 겪으면서 메시아를 믿고 천국을 상속받을 자들을 모으십니다. 이제 선택은 여러분에게 달려 있습니다. 사탄이 존재하는 이유와 여러분의 삶에 대한 그의 계획이 무엇인지 알면서도 사탄의 영향력 아래에서 사는 것도 여러분의 선택입니다. 반대로 예수 그리스도를 영접하고 여러분의 삶을 위한 그의 계획과 섭리 속에서 살아가면 천국을 상속받을 수 있습니다. 이 선택은 하나님께서 여러분에게 주신 자유 의지에 근거한 여러분 자신에게 달려 있습니다.

하나님과 함께 하는 삶, 천국을 상속받는 방법

형벌에 대한 두려움이 없다면 더 많은 사람이 마음속의 욕망과 정욕, 탐욕, 시기, 분노 등의 모든 악한 일을 거리낌 없이 행했을 것입니다. 그러나 법의 제재에도 불구하고 우리 감옥은 처벌을 두려워하지 않고 범죄를 저지르는 사람들로 가득 차 있는 슬픈 현실을 보여 줍니다. 그들의 범죄는 실제로 아담과 하와가 우리에게 물려준 죄의 최종 산물일 뿐입니다. 우리는 그것을 원죄라고 부릅니다. 그 죄는 아담과 하와를 하나님으로부터 분리시켰고 지금까지 모든 인류를 하나님으로부터 분리시켰습니다.

우리 사회는 벌금을 내거나 감옥에 가거나 우리가 해를 끼친 사람에게 직접 보상함으로써 죄가 해결되도록 규정합니다. 그러나 하나님은 인간에게 이와 다른 과정을 따르게 하셨습니다. 하나님은 예수님의 처형을 통해 원죄와 그로 인한 죄를 포함한 모든 인류의 죄를 용서할 수 있게 하셨습니다. 기독교에서는 이 용서의 행위를 "피의 공로"라고 부릅니다. 왜냐하면 모든 사람의 죄는 십자가에서 죽으신 예수 그리스도의 피로 용서받았기 때문입니다.

성경은 예수 그리스도의 보혈공로가 너무나 커서 모든 사람이 지은 과거와 현재, 심지어 미래의 죄를 용서했다고 말합니다.

그가 찔림은 우리의 허물 때문이요 그가 상함은 우리의 죄악
때문이라. 그가 징계를 받으므로 우리는 평화를
누리고 그가 채찍에 맞으므로 우리는 나음을 받았도다.
우리는 다 양 같아서 그릇 행하여 각기 제 길로 갔거늘
여호와께서는 **우리 모두의 죄악을 그에게 담당시키셨도다.**

이사야 53:5~6

또 범죄와 육체의 무할례로 죽었던 너희를 하나님이 그와
함께 살리시고 **우리의 모든 죄를 사하시고,** 우리를
거스르고 불리하게 하는 **법조문으로 쓴 증서를 지우시고**
제하여 버리사 십자가에 못 박으시고, 통치자들과
권세들을 무력화하여 드러내어 구경거리로 삼으시고
십자가로 그들을 이기셨느니라.

골로새서 2:13~15

이르시되 때가 찼고 하나님의 나라가 가까이 왔으니
회개하고 복음을 믿으라 하시더라.

마가복음 1:15

성경을 읽어 보면 우리는 하나님께서 세상과 완전히 다른 용서 방법을 사용하신다는 것을 알 수 있습니다. 예를 들어, 톰이 제리를 다치게 한다면, 제리는 톰이 용서를 구할 때까지 톰을 용서할 생각조차 하지 않을 것입니다. 그러나 기독교에서는 하나님이 우리가 용서를 구하기도 전에 용서해 주신다고 말합니다. 그분은 또한 우리가 무엇을 잘못했는지 깨닫고 죄를 극복하기 위해 매일 하나님의 도움과 은혜가 필요함을 알도록 깨우쳐 주십니다. 회개하고 하나님께 도움을 구하는 것이 죄를 이기고 하나님의 은혜를 받는 가장 편리한 방법입니다. 그러므로

매일 하나님 앞에 고백하고 우리를 도와 달라고 간구하는 것은 모든 신자에게 중요한 자세입니다.

생각해 보십시오. 하나님은 이미 우리의 죄를 용서하셨고 우리를 그분의 왕국으로 맞이할 준비가 되어 있습니다. 그러기 위해 그분은 우리에게 '회개하고 복음을 믿을 것'을 요구하십니다. 현대 사전에서 '회개'는 후회하는 것을 의미합니다. 그러나 성경적 이해에서 '회개하다'에 대한 구약의 히브리어 단어 '테슈바(teshuvah)'는 '돌아오다'를 의미합니다. 무엇으로 돌아간다는 뜻일까요? 우리 자신의 욕망을 뒤로하고 우리를 사랑하시는 하나님의 소망으로 돌아가는 것을 말합니다.

그러므로 우리가 후회하고 아무리 눈물을 흘려도 우리가 무엇을 잘못했는지 깨닫지 못한다면, 우리가 죄에서 돌이켜 하나님을 향해 회개할 수 있도록 도움을 간구하십시오. 하나님은 우리가 그분을 진정으로 사랑하지 않는다는 것을 알고 계십니다. 그렇기 때문에 그분은 회개하라고 여러 번 권면하십니다. 이제 회개를 강조하는 성경 구절들을 살펴보겠습니다.

너희에게 이르노니 아니라
너희도 만일 회개하지 아니하면 다 이와 같이 망하리라.

누가복음 13:5

제자들이 나가서 회개하라 전파하고

마가복음 6:12

그러므로 너희가 회개하고 돌이켜
너희 죄 없이 함을 받으라 이같이 하면
새롭게 되는 날이 주 앞으로부터 이를 것이요

사도행전 3:19

알지 못하던 시대에는 하나님이 간과하셨거니와
이제는 어디든지 사람에게 다 명하사 회개하라 하셨으니

사도행전 17:30

그러므로 어디서 떨어졌는지를 생각하고 회개하여
처음 행위를 가지라.
만일 그리하지 아니하고 회개하지 아니하면
내가 네게 가서 네 촛대를 그 자리에서 옮기리라.

요한계시록 2:5

우리가 회개하지 않기로 선택한다면 우리는 믿음의 증거를 보여 주지 못합니다. 우리가 진정으로 회개하여 생각을 바꾸고 그분의 뜻대로 행하기 시작할 때 그분과의 관계가 회복됩니다. 그러면 하나님의 용서가 우리 삶에서 효력을 발휘하고 완전해집니다.

하나님이 용서하시는 것처럼

이제 제리(Jerry)가 톰(Tom)에게서 돈을 훔쳤다고 상상해 봅시다. 톰은 평생 제리를 미워할 수도 있겠지만 대신에 하나님께서 하시는 용서의 방법을 따르고, 제리가 그에게 용서를 구하지 않았음에도 불구하고 제리를 용서하기로 합니다. 이럴 때 톰은 제리와 아직 예전처럼 관계를 회복하지 못했지만 제리에 대한 마음의 분노를 풀게 됩니다.

그러자 놀라운 일이 일어납니다. 제리는 톰이 자신을 용서했다는 소식을 듣고 마음이 부드러워지고 톰에게 한 일에 대해 매우 유감스럽게 생각하기 시작합니다. 그리고 제리는 톰을 만나러 와서 용서를 구합니다. 톰은 이미 마음속으로 제리를 용서했기 때문에 제리를 껴안고 두 사람은 우정을 회복합니다. 그 우정의 회복은 우리가 죄를 회개하고(하나님께로 돌이켜) 예수님의 보혈공로를 믿을 때 하나님께서 우리에게 주시는 것입니다. 이것이 복음에서 강조하는 메시지입니다.

하나님과 그의 선하심을 온전히 경험하기 위해서는 회개가 필요합니다. 그래야 하나님과의 관계가 회복되고 일상생활에서도 하나님과 친밀하게 동행할 수 있습니다.

회개하지 않는 사람의 고통

어떤 신자들은 회개할 필요 없이 예수님의 피가 모든 죄를 용서해준다고 믿기 때문에 의도적으로 죄를 계속 짓습니다. 시간이 지남에 따라 거듭 죄를 짓고 마음이 무거워지지만, 심판 날에 직면하게 될 중대한 결과를 이해하지 못하기 때문에 아예 무시합니다. 이런 부류의 신앙인들이 과연 진정으로 예수를 따르는 거듭난 자들인지 의심스러운 일입니다.

반면에 거듭난 참된 그리스도인들도 여전히 정욕에 사로잡혀 시험에 넘어가 죄책감에 시달리고 있습니다. 그들이 하나님을 그들의 주로 삼고 그분을 따르기로 선택하고 용서를 구하지만, 그들의 성격과 성품의 결점으로 인해 하루아침에 바뀌지 않을 것입니다. 죄는 우리를 결코 쉽게 놓아 주지 않는데, 이는 사탄에게서 오는 것이기 때문입니다. 훈계가 없으면 마음이 연약한 신자는 영적 전쟁을 헤쳐갈 힘이 없으므로 계속해서 죄를 지을 수밖에 없습니다. 바울이 말했듯이 말입니다.

> 우리의 씨름은 혈과 육을 상대하는 것이 아니요
> 통치자들과 권세들과 이 어둠의 세상 주관자들과
> 하늘에 있는 악의 영들을 상대함이라.
>
> 에베소서 6:12

사탄의 계략과 우리 자신의 연약함에서 벗어나려면 모든 죄를 하나님 앞에 자백해야 합니다. 그리고 우리의 죄를 극복할 수 있도록 진심으로 하나님께 도움을 구해야 합니다. 사탄과의 치열한 영적 전쟁에서 승리하기 위해서는 우리 삶에 임재하시는 성령을 통해 하나님의 능력을 보내달라고 하나님께 간구해야 합니다. 진정으로 거듭난 참된 신자는 이 능력에 접근할 수 있는 표시가 있습니다. 우리는 기도와 하나님의 말씀 연구를 통해 이 능력을 경험해야 합니다. 그리스도인들이 죄를 짓는 가장 큰 이유는 기도하지 않고 말씀을 공부하지 않기 때문입니다.

죄는 죄책감을 유발합니다. 물론 사탄은 죄책감에 억눌린 자에게 밤낮으로 꾸짖어 그들이 기쁨과 자유가 아닌 어두움과 두려움 속에서 계속 살도록 합니다. 우리는 사탄을 대적하여 더욱 담대하게 복음에 대한 믿음의 증거를 보여야 합니다. 즉, 우리가 하나님 앞에 죄를 지었다 해도 예수 그리스도의 피로 이미 죄 사함을 받았다는 확신을 가질 수 있어야 합니다. 하나님께 기도로 죄를 용서해 달라고 간구할 때, 죄책감에서 해방되고 하나님께 자유를 받아 기쁜 삶을 영위할 수 있는 것입니다.

그러나 예수님의 희생과 피의 공로를 믿는 것으로 모든 문제가 끝나는 것이 아닙니다. 우리는 여전히 다른 사람에게 끼친 악행을 배상해야 할 의무가 있습니다. 구약 전서에서도 이스라엘 사람이 속건제를 드렸을 때 율법은 그가 잘못한 사람에게 배상하도록 요구했습니다.(레 5:15~16) 예수님께서 제물로 바쳐졌지만 우리는 여전히 우리가 상처를 입힌 사람들에게 보상해야 합니다. 이것은 우리가 먼저 그 사람에게 용서를 구할 때 진심으로 반성하는 마음을 표현해야 한다는 것을 의미합니다. 갚을 돈이 있으면 이자와 함께 갚거나 한 번에 전체 금액을 지불할 수 없는 경우, 장기간에 걸쳐 할부로 지불하는 방법도 있습니다. 법을 위반한 경우 판사가 요구하는 대로 벌금을 내거나 징역을 복역하십시오.

비록 대가를 치러야 하고 자신의 죄로 인해 고난을 겪겠지만, 우리의 영원한 구원은 우리의 죄 때문이 아니라 예수님을 통한 원죄적 본성을 용서받은 상태에 근거함을 확신할 수 있습니다.

예수 그리스도의 보혈공로를 올바르게 믿고 회개하면 우리의 원죄와 잘못된 행위가 깨끗해집니다. 그러므로 죄책감 때문에 구원을 의심할 필요가 없습니다. 영원한 구원은 하나님이 정하십니다. 그러므로 우리가 회개하고 복음을 믿고 하나님께서 우리의 죄를 용서하실 때 우리의 구원은 보장될 것이며, 그 구원은 결코 무효화되지 않습니다.

그럼에도 불구하고 우리는 구원을 받은 후에도 여전히 죄를 짓고 있기 때문에 하나님은 여전히 회개하는 마음을 요구하십니다. 우리가 죄를 지을 때마다 우리는 지상에 있는 동안, 우리가 상처를 준 사람과 하나님께 보상해야 할 도덕적 책임이 있습니다. 주님의 구원을 받았을 때, 우리는 그분을 사랑하게 되고 그분이 우리를 위해 하신 일에 감사하기 때문에 즉시 그분과 화해하길 갈망하게 됩니다.

하나님과 화해하고 그분의 능력, 은혜와 자비를 받으려면 더 많은 시간을 그분과 함께 보내야 하며, 다른 사람이나 하나님을 다치게 하지 않고 진정으로 변화하도록 도우시는 성령의 권능을 구해야 합니다. 이것이 하나님을 기쁘시게 하는 참된 회개의 삶입니다. 죄의 본성을 극복하기 위해서는 날마다 하나님의 능력과 은총과 긍휼을 받아야 합니다. 삶의 문제가 더 심각한 사람들은 기도와 말씀으로 하나님과 더 많은 시간을 보낼 필요가 있습니다. 기도와 함께 하나님의 말씀을 공부하지 않고는 은혜를 받을 수 없기 때문입니다.

우리가 새롭게 변화할 수 있다는 고린도후서에 나오는 성경의 약속을 굳게 잡고, 기도와 연구를 통해 이 갱신 과정에 적극적으로 참여해야 합니다.

그런즉 **누구든지 그리스도 안에 있으면 새로운 피조물이라**
이전 것은 지나갔으니 보라 새 것이 되었도다.

고린도후서 5:17

구원에 이르는 길은 오직 하나뿐

모든 사람을 구원하시려는 하나님의 계획의 중심에는 부처나 무함마드 같은 인물이 아닌 우리의 메시아이신 예수님이 계십니다. 오직 예수님만이 우리의 구주가 되실 수 있는 이유를 이해하기 위해서는 모든 인류를 구원하기 위해 하나님 아버지께서 보내신 구주가 성품과 본질, 본성, 능력, 또 모든 면에서 거룩해야 한다는 사실을 생각해야 합니다. 완전하게 거룩하신 그분은 하나님의 사랑의 심오함과 구원 계획 그리고 완성된 천국을 잘 알고 계셨습니다. 누가 그런 것을 알고 가까이 올 수 있겠습니까? 부처(초년에 싯다르타로 알려졌을 때)는 제자들에게 "내가 삶에 대해 다 알지 못하는데 어떻게 죽음에 답할 수 있겠습니까?"라고 말했습니다. 다른 현자들도 궁극적인 진리와 삶의 원리를 설명하려 했지만, 그들 중 누구도 하나님의 아들 예수님처럼 하나님을 설명할 수 없습니다. 예수님과 하나님은 하나였기 때문에 예수님만이 그 일을 하실 수 있습니다.

너희가 나를 알았더라면 내 아버지도 알았으리로다.

이제부터는 너희가 그를 알았고 또 보았느니라

요한복음 14:7

이슬람은 심판의 날 이전에 세상에서 악을 제거하고 모든 사람이 따를 수 있는 이슬람법을 제정할 구원자(Mahdi 마흐디, 인도된 자)에 대한 궁극적인 진리와 고유한 개념을 가지고 있다고 주장합니다. 그러나 사람의 영혼을 구원하는 원죄와 그 원죄를 사하러 오시는 메시아 개념은 없습니다. 이슬람은 하나님이 긍휼히 여기시면 천국에 들어간다고 가르칩니다. 이는 구세주의 사역이 아니라 이슬람의 방식대로 얼마나 잘 살았느냐에 달려 있습니다. 이슬람은 예수(아랍어로 Isa)에 대하여 구원자 마흐디(Mahdi)는 모든 이교도(주로 기독교인과 유대인)를 파괴하고 영적, 정치적 평화를 가져올 샤리아 법 아래에 모든 사람을 두는 것을 돕기 위해 돌아오는 예언자일 뿐이라고 주장합니다.

반면에 예수님은 하나님의 뜻과 영원한 천국의 은밀한 일까지도 분명히 이해하셨습니다. 그뿐만 아니라 자신을 하나님의 아들이라 칭하시고 초자연적인 기적과 표적과 기사로 사람들을 놀라게 하셨습니다. 온 인류를 위해 기꺼이 죽을 각오를 한 사람의 이러한 증명된 성품은 인류 역사상 처음이자 유일무이한 것입니다.

예수님은 우리를 대신하여 십자가에서 죽으시기 위해 특별히 이 땅에 오셨습니다. 그가 죽었기에 우리는 죽을 필요가 없는 것입니다. 그렇기 때문에 그분은 자신이 붙잡혀 매를 맞고 십자가에 못 박히도록 내버려 두셨습니다. 당시의 종교 당국과 로마 정치가가 물었을 때, 그가 "아니오"라고 대답했으면 모든 형벌을 피할 수 있었지만, 예수님은 그렇게 하지 않으셨습니다.(마 27:11~13; 막 14:53~65)

물론 역사를 통틀어 메시아로서 환영받았던 사람들도 있습니다. 가령, 오늘날 수천 명의 하시딕 정교회(Hasidic Orhodox) 유대인들은 그들의 랍비 메나헴 멘델 슈니어슨(Rabbi Menachem Mendel Schneerson, 1902~1994)이 메시아라고 믿습니다.

그러나 이 "메시아"들은 모두 죽었고, 그들 중 아무도 정치적 또는 영적 평화를 가져오지 않았으며, 그들 중 누구도 예수처럼 초자연적인 기름 부음을 증명했거나 자신이 하나님의 아들이라고 주장하지 않았습니다. 예수가 우리의 구세주이며 메시아라는 결정적인 증거는 그가 행하신 기적과 세상에 끼친 엄청난 영적 영향뿐 아니라 그의 희생적인 죽음과 부활과 승천을 믿는 모든 신자가 성경이 말하는 대로 부활하여 하늘로 올라간다는 희망을 갖게 된 것입니다.

> 이를 놀랍게 여기지 말라 무덤 속에 있는 자가 다 그의
> 음성을 들을 때가 오나니, 선한 일을 행한 자는 생명의
> 부활로, 악한 일을 행한 자는 심판의 부활로 나오리라.
>
> 요한복음 5:28~29

약속된 메시아의 부활은 모든 믿는 자에게 죽은 자 가운데서 부활할 수 있다는 희망을 줍니다. 생각해 보십시오. 죄가 영과 육의 죽음을 이끌었다면 사람이 죽으면 사실 모든 것이 끝나는 것입니다. 그러나 그리스도의 부활로 인해 죽음의 의미가 매우 극적으로 바뀝니다. 죽음은 밤에 잠드는 것과 같고 부활은 아침에 일어나는 것과 같습니다. 다음 날 아침에 일어나지 못할까 봐 걱정하는 사람은 아무도 없습니다. 마찬가지로, 메시아의 부활에 대한 우리의 믿음의 증거는 우리가 죽음을 두려워할 필요가 없다는 것입니다. 그리스도의 부활로 말미암아 하나님과 영원히 분리되는 사탄의 권세가 끊어지고 우리는 영생에 들어갈 수 있습니다.

예수님이 이 세상에 오신 진짜 이유

성경은 죄의 삯이 사망이라고 말합니다. 이것은 매우 잔인하게 들릴 수 있습니다. 어떤 사람은 "하나님이 어떻게 사람을 죄 때문에 죽게 내버려 두실 수 있습니까? 몇몇 살인자들을 제외하고는 이 세상에서 누구도 처형되지 않아야 합니다"라고 주장할 수도 있습니다. 여기서의 죽음은 육체적인 것뿐만 아니라 영적인 것도 의미합니다. 아담은 결국 죽었습니다. 그래서 우리는 죄에 대한 형벌에 육체적인 죽음도 포함된다는 것을 압니다. 그렇다면 우리가 죽으면 어떻게 될까요?

죽음은 우리의 영과 육신을 분리합니다. 아담과 하와가 금단의 열매를 먹었을 때 이별이 시작되었습니다. 아담의 몸에 있는 하나님의 영은 시간이 지날수록 줄어들기 시작했고, 결국 아담의 몸에는 하나님의 영이 거할 수 없을 정도로 죄의 생각과 악한 말과 행동이 쌓였습니다.

이것은 그 후 모든 사람에게 일어난 일입니다.

그렇다면 우리는 영적 죽음을 어떻게 피할 수 있을까요? 우리는 죄 문제를 해결해야 하며, 이 문제는 오직 하나님의 주권적인 뜻으로만 해결될 수 있습니다. 성경은 피가 없이는 죄 사함을 받을 수 없다고 말합니다.(레 17:11; 히 9:22) 그래서 구약에서 하나님은 동물의 피를 제단에 쏟는 동물 희생의 속죄를 요구하셨습니다. 이 피는 일시적으로 사람의 죄를 덮었습니다. 그런데 이렇게 일시적으로만 죄가 해결된다면, 인류의 모든 죄를 용서받을 수 있는 궁극적인 제물은 누구의 피가 되겠습니까? 죄 문제로 가득 찬 사람은 그러한 궁극적인 속죄를 위한 적절한 제물이 결코 될 수 없습니다. 그러므로 하나님은 독생자 예수를 구주로 택하셨습니다. 사실, 예수의 히브리어 이름 예슈아(Yeshua)는 구원을 의미합니다.

창조 이전부터 하나님과 함께 계셨고, 말씀으로 존재하셨으며, 창조된 피조물로서가 아닌 하나님의 독생자(begotten)로서(요 1:1) 예수님은 아버지의 뜻을 누구보다 잘 이해하셨습니다. 아버지께서는 기꺼이 창세기 3장 15절에서 이 계획을 실행에 옮기셨고 온 인류를 위해 당신의 아들 예수를 희생시키시는 상상할 수 없는 고통을 감당하셨습니다.

예수 그리스도의 죽음을 통해 어떻게 용서를 받을 수 있는가?

나무에 못 박히시고 피를 흘리신 메시아 예수님은 우리의 죄를 영원히 덮는 상상도 할 수 없는 일을 하시고 부활하셨습니다. 예수님의 희생과 속죄를 그토록 독특하게 만드는 것은 그분의 부활이 있기 때문입니다. 죄의 삯은 사망이므로 메시아가 다시 살아난 것은 죄에 대한 궁극적인 승리를 의미하며, 삯이 지불되었음을 의미합니다.

더욱이 그리스도의 부활은 예수께서 사탄과 그의 흑암 세력을 이기셨다는 것을 의미합니다. 사탄은 한때 사망 권세를 가졌고 이 세상의 통치자로서 인류를 죄로 말미암아 사망에 굴복하는 종으로 삼았습니다. 그러나 믿는 자들을 지옥 구덩이에 집어넣는 그의 권세는 그리스도의 부활로 깨졌습니다. 그러므로 사탄은 그리스도의 희생적인 죽음과 부활에 대한 믿음을 주장하는 사람을 더 이상 지배할 수 없습니다.

죄를 짓는 자는 마귀에게 속하나니
마귀는 처음부터 범죄함이라. 하나님의 아들이
나타나신 것은 마귀의 일을 멸하려 하심이라.

요한일서 3:8

구원의 개념적 이해만으로는 이 신성한 진리를 받아들이기에 턱없이 부족합니다. 우리는 매일 우리의 삶에서 이 승리를 달성해야 합니다.

메시아의 부활을 믿는 사람은 날마다 기도를 통해 하나님의 은혜와 보호를 받아 죄에서 벗어날 수 있습니다. 이러한 연습과 훈련이 없으면 신자들은 마치 그리스도께서 결코 부활하지 않으신 것처럼, 성령 대신에 사탄의 권세로 다스려지는 삶에서 벗어나지 못하여 죄와 유혹에 다시 빠지게 됩니다.

왜 예수의 피인가?

생명은 살아 있는 것을 의미합니다. 그렇다면 육체의 어느 부분에 생명이 존재할까요? 어떤 이들은 뇌나 심장이라고 하지만 성경은 그것이

피에 있다고 말합니다(레 17:11, 요 6:53). 피에 생명의 근원이 있기 때문에 하나님은 아담과 하와의 죄를 사하기 위해 희생제물을 요구하셨는데, 이는 하나님이 친히 동물을 죽이고 아담과 하와를 가죽옷으로 덮은 것과 같은 의미입니다.

후에 모든 이스라엘 사람은 죄의 유형에 따라 그들의 죄를 하나님 앞에서 덮기 위해 흠 없는 어린 양이나 염소, 소, 비둘기 또는 특정 동물을 바쳐야 했습니다. 매일 같이 하나님의 제단에 피가 쉼 없이 흐르는 동물 제사가 계속되면서 사람들은 죄에 대해 무감각해졌고, 속죄제는 의미 없는 의식이 되었습니다. 어떤 사람들은 죄를 지으면 성전에서 짐승을 사, 제물로 바치면 해결된다고 생각했습니다. 결국, 하나님은 그분 앞에서 드리는 동물 희생의 제사를 몹시 싫어하시게 되었습니다.

여호와께서 말씀하시되 너희의 무수한 제물이 내게 무엇이 유익하뇨. 나는 숫양의 번제와 살진 짐승의 기름에 배불렀고 나는 수송아지나 어린 양이나 숫염소의 피를 기뻐하지 아니하노라. 너희가 내 앞에 보이러 오니 이것을 누가 너희에게 요구하였느냐. 내 마당만 밟을 뿐이니라. **헛된 제물**을 다시 가져오지 말라. 분향은 내가 가증히 여기는 바요. 월삭과 안식일과 대회로 모이는 것도 그러하니 성회와 아울러 **악을 행하는 것을 내가 견디지 못하겠노라.** 내 마음이 너희의 월삭과 정한 절기를 싫어하나니 그것이 내게 무거운 짐이라 내가 지기에 곤비하였느니라. 너희가 손을 펼 때에 내가 내 눈을 너희에게서 가리고 너희가 많이 기도할지라도 내가 듣지 아니하리니 이는 **너희의 손에 피가 가득함이라.** 너희는 스스로 씻으며 스스로 깨끗하게 하여 내 목전에서 너희

악한 행실을 버리며 행악을 그치고 선행을 배우며 정의를
구하며 학대 받는 자를 도와 주며 고아를 위하여 신원하며
과부를 위하여 변호하라 하셨느니라.

이사야 1:11~17

누가복음 2장 16절에서 예수님은 하나님의 성전에서 돈 바꾸는 자들과 짐승 파는 자들에게 노하여 "내 집은 기도하는 집이 되리라 하였거늘 너희는 강도의 소굴을 만들었도다"라고 통렬히 비판하십니다. 하나님이 진정으로 요구하신 것은 반복적인 짐승의 피나 죄인의 피가 아니라 진정으로 회개하는 마음과 깨끗한 피였습니다.

하나님은 아담이 외로워서가 아니라 아담이 많은 자녀를 낳고 땅에 사람이 가득하기를 원하셨기 때문에 여자를 만드셨습니다. 그러나 모든 사람이 아담의 후손이기 때문에 우리 모두는 그의 죄, 즉 원죄를 물려받았습니다. 문제는 여기에 있습니다. 하나님은 모든 사람을 위한 영원한 마지막 제물로 죄에 물들지 않은 완전히 깨끗한 피가 필요했습니다. 그러나 모든 사람은 오염된 피를 가지고 태어납니다. 이 문제를 인류 스스로 어떻게 해결할 수 있겠습니까?

이것이 하나님께서 그의 아들 메시아 예수를 이 땅에 보내셔야 했던 이유입니다. 성경에 따르면 예수님은 인간 아버지 없이 동정녀를 통해 성령으로 나셨습니다. 그분은 의로우셨고 그분의 피는 깨끗했습니다. 그래서 하나님은 예수님을 십자가에 못 박아 죽게 하셨고, 그의 피로 말미암아 모든 인류의 죄가 사함을 받았습니다.

이 일을 생각할 때에 주의 사자가 현몽하여 이르되
다윗의 자손 요셉아 네 아내 마리아 데려오기를
무서워하지 말라 그에게 잉태된 자는 성령으로 된 것이라.
아들을 낳으리니 이름을 예수라 하라 이는 **그가 자기**
백성을 그들의 죄에서 구원할 자이심이라 하니라.

마태복음 1:20~21

천사 가브리엘이 전한 메시지("그가 자기 백성을 그들의 죄에서 구원할 자이심이라")를 자세히 살펴보겠습니다. 동물을 제물로 바칠 때는 제물을 바친 사람의 죄만 용서받았습니다. 그러나 예수 그리스도께서 희생 제물이 되시고 그분의 피를 쏟았을 때는 인류의 모든 죄가 사함을 받았습니다. 이것이 바로 필멸의 인간으로서는 불가해한 하나님의 사랑입니다.

예수 그리스도께서 모든 사람의 죄를 대신하여 희생이 되셨다는 이 진리를 믿는 자는 죄 사함을 받습니다. 사람은 더 이상 동물을 희생하여 구원을 받을 필요가 없습니다. 다시 말해 메시아 그리스도의 죽으심과 부활하심으로 누구든지 죄 사함을 받을 수 있으나, 이것을 믿는 자만이 구원받는 것입니다.

그리스도의 희생적인 죽음을 통한 고난은 우리에게 많은 고통 속에서 아기를 낳은 임신한 어머니를 생각나게 합니다. 아기가 태어날 때 그 어머니의 살은 찢어지고 피가 쏟아집니다. 마찬가지로, 예수 그리스도의 살은 찢어지고 그의 피는 모든 신자에게 새 생명을 주기 위해 쏟아졌습니다.

왜 예수를 믿어야 하는가?

우리가 예수 그리스도께서 구세주로 이 땅에 오셨다는 것을 이해한다고 합시다. 그렇다면 왜 그분을 믿어야 구원을 받을 수 있을까요? 하나님이 원하시는 대로 도덕적으로 선한 삶을 살기 때문에 구원받는 것이 더 논리적이지 않겠습니까?

더욱이 예수님의 죽음으로 모든 인류가 죄 사함을 받았다면 이제 우리 모두가 천국에 갈 수 있을 것 같습니다. 그렇다면 사실 이 세상이 더 이상 지속되어야 할 이유는 없습니다. 천국은 예수님이 죽은 자 가운데서 부활하신 직후에 시작했어야 했습니다.

그러나 하나님은 그렇게 결정하지 않으셨습니다. 성경대로 예수 그리스도를 믿는 자만이 천국에 들어갈 수 있습니다.

예수님께서 십자가에서 죽으심으로 "다 이루었다"고 말씀하신 것은 마치 "온 인류의 죄 문제가 해결되었다"고 말씀하신 것과 같습니다.

하나님의 관점에서 그분은 모든 사람의 죄를 용서하셨습니다. 이 사실을 받아들이지 않으면 계속 사탄과 죄의 권세 아래 살게 됩니다. 그렇기 때문에 하나님은 모든 사람의 구원을 위한 방법으로 '믿음'의 방법을 사용하셔야 했습니다.

하나님은 예수 그리스도께서 이미 우리의 구원을 위해 하신 일을 믿는 모든 사람에게 천국 티켓을 주십니다. 이것이 믿음의 본질입니다. 이 믿음의 본질 때문에 성도들은 천국에 가는 소망을 가지고 살아갑니다.

성경에 따른 믿음이란 무엇인가?

믿음을 갖는다는 것과 믿음을 잃는다는 것은 과연 무엇을 의미합니까? 메리엄 웹스터(Merriam Webster) 사전에서는 믿음을 "누군가에 대한 강한 믿음이나 신뢰"라고 정의합니다.[38] 그러나 성경은 믿음을 "바라는 것들의 실상이며 보이지 않는 것들의 증거(히 11:1)"라고 정의합니다.

사람들은 하나님을 보면 믿을 수 있다고 말합니다. 그러나 눈에 보이는 것을 믿는 것은 이미 존재하는 믿음이 아닙니다. 진정한 믿음은 보이지 않아도 존재한다고 생각하고 행동하는 것입니다. 그 후에야 여러분은 그것이 존재한다는 것을 다른 사람들 앞에서 증언할 수 있습니다.

예를 들어 새로 생긴 식당에서 식사하기 위해 쇼핑몰에 갔다고 가정해 봅시다. 한 번도 가본 적이 없기 때문에 상가 입구에 있는 안내소를 찾아가 그곳이 어디인지 물어봅니다. 안내원은 식당이 쇼핑몰 반대편에 있다고 정확하게 알려 주고 가는 방법을 알려 줍니다. 그때 우리는 그 안내원의 말을 믿지 않을 수 있지만, 반대로 그 말을 믿는다면 식당을 찾아갈 것입니다.

기독교에서 말하는 믿음이란 하나님이 이 세상을 창조하셨고, 하나님의 아들 예수 그리스도께서 여러분의 죄 사함을 위해 죽으셨으며, 죽은 자 가운데서 부활하여 천국의 영생을 주신 것을 믿는 것입니다. 비록 예수님은 이미 2천 년 전에 존재하셨고 우리가 천국이나 지옥을 볼 수 없음에도 말입니다.

게다가 믿는 것만으로는 충분하지 않습니다. 예수님의 이복형제는 "영혼 없는 몸이 죽은 것 같이 행함이 없는 믿음은 죽은 것이다(약 2:26)"라고 말하였습니다. 여기서 우리는 진정한 믿음이란 우리가 믿는 것을 반영하는 행동을 의미한다고 이해할 수 있습니다. 앞의 예에서 우리는 안내원의 말을 믿기 때문에 쇼핑몰 반대편으로 걸어갑니다. 마찬가지로 우리가 예수 그리스도를 진정으로 믿는다면 우리의 손과 발과 입은 예수님이 우리에게 명령하신 것을 수행할 것입니다. 이것이 진정한 믿음입니다.

그러나 사람이 예수 그리스도를 믿는다고 말하면서도 계명을 지키지 않는다면, 그것은 실제로 예수 그리스도를 믿지 않는다는 증거를 모든 사람에게 보여 주는 것입니다. 오늘날의 교회에서 많은 사람이 자신을 그리스도인이라고 말하지만 그들의 행동은 예수 그리스도에 대한 믿음을 반영하지 않으며 삶의 방식을 바꾸지도 않습니다.

이러한 믿음의 부족은 복음에 대한 교회의 가벼운 가르침 때문이라고 할 수 있습니다. 예수 그리스도의 존재에 대해 많이 가르쳐졌지만, 우리가 그분께 순종할 때 우리의 삶에 화평과 기쁨을 주고 인도하는 그분의 권능에 대해선 너무 소홀히 가르치고 있습니다.

어떤 사람들은 의심으로 자신의 신앙을 흐리게 합니다. 보이는 것에 대한 믿음은 옳지만, 보이지 않는 것에 대한 믿음은 옳지 않다고 생각합니다. 쇼핑몰에서 식당가는 길 안내를 받는 예를 들자면 우리는 안내원의 길을 찾다가 길을 잃을 수도 있습니다. 단순히 잘못된 방향으로 걸어갈 수도 있고, 잘못된 방향을 제시했다고 생각하여 안내원의 잘못이라고 돌릴 수도 있습니다. 사실 잘못은 우리에게 있는 것입니다. 우리는 눈에 보이지 않는 주님과 그분의 지시에 대한 믿음에 쉽게 의심을 품습니다.

믿음이 있다는 것을 어떻게 확신하는가?

예수 그리스도를 어떻게 믿을 수 있을까요? 진심으로 하나님께 큰 소리로 기도하고 마음으로 다음과 같은 내용으로 진심으로 기도를 하면 믿을 수 있습니다.

> 주 예수님, 저는 당신이 필요합니다. 저를 위하여 죽으신 예수님의 희생에 감사드립니다. 저는 제 삶의 문을 열고 당신을 저의 구주이자 주님으로 영접합니다. 제 죄를 용서하시고 영생을 주시니 감사합니다. 제 삶의 왕좌를 차지하십시오. 저를 당신이 원하는 사람이 되게 하십시오. 예수 그리스도의 이름으로 기도합니다. 아멘.

믿음을 고백할 때 성령의 역할을 기억하는 것도 중요합니다. 우리가 믿기로 해서 믿는 것이 아니라 성령을 통해 하나님께서 우리 안에 있는 믿음의 눈을 열어 주셔야 합니다. 사도 바울은 에베소서 2장 8절에서 "너희는 그 은혜에 의하여 믿음으로 말미암아 구원을 받았으니 이것은 너희에게서 난 것이 아니요 하나님의 선물이라 행위에서 난 것이 아니니 이는 누구든지 자랑하지 못하게 함이라"라고 했습니다. 그러므로 이러한 믿음을 받기 위해서는 하나님의 은혜와 긍휼이 임하는 과정을 거쳐야 합니다. 어려운 시련을 겪을 때, 처음으로 교회에 가거나 기도할 때, 또 성경 공부나 수양회에 참석할 때, 그 외 하나님의 은혜를 만날 수 있는 많은 영적 활동을 할 때 일어날 수 있습니다. 이러한 활동을 통해 믿음이 생겼다면 이제는 믿음을 확인하는 것이 중요합니다.

다행히도 성경은 그렇게 하는 방법을 아주 구체적으로 기록하고 있습니다. 첫째, 참 믿음을 가진 사람은 자신의 죄를 회개(돌이켜서 마음과 생각을 돌이킴)합니다. 자신이 죄인임을 인정하지 않거나 자신의 죄를 회개하지 않는다면 그의 믿음은 참되다고 볼 수 없습니다. 인간은 완벽하지 않으므로 항상 죄를 짓거나 실수를 할 수 있습니다. 그러나 참된 믿음의 신자는 하나님의 뜻을 반영하여 하나님 앞에서 자신의 죄를 회개합니다. 이것이 진정한 믿음의 첫 번째 증거입니다.

만일 우리가 우리 죄를 자백하면
그는 미쁘시고 의로우사 우리 죄를 사하시며
우리를 모든 불의에서 깨끗하게 하실 것이요.

요한일서 1:9

둘째, 참된 믿음을 가진 신자는 그의 삶에 성령의 증거가 있습니다. 이것은 하나님의 영이 신자 안에 거하여 자신을 표현한다는 것을 의미합니다. 어떻게 그것이 가능할까요?

성령은 불처럼 뜨겁게 당신의 몸에 들어오실 수도 있고, 눈물을 통해서 당신의 마음속에 조용히 들어오실 수 있습니다. 오시는 방법은 다르지만 예수 그리스도를 믿는다고 고백하는 사람이 있으면 성령은 반드시 오십니다.

보혜사 곧 아버지께서 내 이름으로 보내실 성령 그가
너희에게 모든 것을 가르치고, 내가 너희에게 말한
모든 것을 생각나게 하리라.

요한복음 14:26

예수님을 주님으로 시인하고 죄를 회개한 후, 성령을 받았다는 것을 어떻게 알 수 있을까요? 많은 그리스도인은 방언을 말하거나 예언하거나 초자연적인 표적, 또는 기사를 경험하면, 성령이 임재했다고 생각합니다. 그러나 항상 그런 것은 아닙니다. 무당이나 주술사도 사탄의 권세를 통해 이상한 방언이나 예언을 할 수 있음을 기억하십시오. 성령을 받았는지를 아는 가장 성경적 방법은 성령의 열매를 맺고 있는지 보는 것입니다. 성경은 이것을 믿음과 성령을 받은 증거라고 말합니다.

> 오직 성령의 열매는 사랑과 희락과 화평과 오래 참음과
> 자비와 양선과 충성과 온유와 절제니
> 이 같은 것을 금지할 법이 없느니라.
>
> 갈라디아서 5:22~23

이것은 예수님께서 약속하신 대로 성령이 우리에게 임하시고, 그의 가르침을 우리가 배우면 분노와 슬픔과 조바심 대신에 사랑과 오래 참음, 자비, 선함, 온유, 절제를 나타내게 될 것이라는 뜻입니다. 우리의 변화된 행동은 가족과 친구, 동료들에게 우리가 진정한 믿음을 가지고 있다는 증거를 보여줍니다. 회개하고 믿는 삶에서 이러한 성품의 변화가 전혀 일어나지 않았다면 진심으로 회개하고 믿었는지, 아니면 말만 한 것인지 진지하게 재고해 볼 필요가 있습니다.

또한 참된 믿음이 있으면 아버지와 어머니, 그리고 형제와 친척, 친구와 함께 천국과 지옥의 현실을 나누기 위해 나설 것입니다. 그 이유는 하나님을 믿지 않는 가족과 친구들이 지옥에 가는 것을 지켜보기가 매우 괴롭기 때문입니다. 어떤 신자가 복음의 중요한 메시지를 사랑하는 사람들에게 전할 마음이 없다면, 그가 진정한 기독교 신앙을 가지고 있는지 의심할 여지가 있습니다. 참된 신자는 그의 선행으로 알 수 있다고 성경은 말합니다.

다소 극단적으로 들릴지 모르지만, 교회에 얼마나 오래 출석했든, 집사나 장로나 목사로서 교회에 모든 것을 바친다 해도 지옥에 가는 사람들에 대해 아무것도 하지 않는다면, 그는 진정한 신자가 아닙니다. 밤새도록 기도하고 새벽 기도회에 참석해도 그는 참 신자가 아닙니다. 그런 사람은 진실로 기도가 필요한 사람에 대해 무관심한 채 자신의 목표를 이루기 위해서만 하나님을 믿으며 그에 준한 것을 위해서만 기도합니다. 이런 사람들은 올바른 동기 없이 자신의 물질적 부와 건강과 명성을 위해서만 기도하고 있는 것입니다. 물론 이런 것들도 기도해야 할 중요한 부분이지만 그것이 기도의 최종 목적이 되어서는 안 됩니다.

그렇다면 우리는 어떻게 기도해야 할까요? 첫째, 우리 각자가 강한 육신의 소욕을 이겨 내야 함을 아십시오. 우리는 하나님의 뜻에 따라, 그의 방법대로 기도해야 하고, "아버지의 뜻이 이루어지이다"라는 말씀이 우리의 삶에서 성취되도록 도와 달라고 하나님께 구해야 합니다.

하나님의 뜻대로 살기 위해 기도하는 것이 참된 믿음입니다. 하나님의 뜻대로 살기 위해 최선을 다하고 기도하면 기쁨과 평강이 가득 차게 됩니다. 반면에 열심히 기도함에도 하나님의 뜻을 거스르는 이기심에서 나오는 기도는 결코 응답받을 수 없습니다.

때때로 사탄은 우리의 이기적인 기도를 듣고 응답합니다. 어떤 사람들은 그러한 기도 응답이 하나님께로부터 온 것이라고 착각하고 기뻐합니다. 그러나 사탄의 목적은 언제나 사람을 서로 싸우게 하고 분열시켜 멸망과 죽음에 이르게 하는 것입니다. 이러한 이기적인 기도는 응답된 것처럼 보이지만 필연적으로 실패와 파멸로 이어집니다.

예전에 저희는 복음을 계속 거부하는 사람을 만난 적이 있습니다. 그는 자신이 알 수 없는 질병에 걸렸을 때 기독교 교회의 부목사였다고 말했습니다. 그는 여러 병원에 다녔고 밤새도록 기도하며 새벽 기도회에 참석하였습니다. 기독교 치료자도 아무 소용이 없었던 때, 그는 다른 종교에 속한 오랜 친구를 만났습니다. 그 친구는 그에게 한 번만 컬트 모임에 방문하여 치유를 위한 기도를 받으라고 조언했습니다. 이 기독교 목사는 처음에는 거절했지만, 2년 넘게 병을 앓게 되자 결국 친구와 함께 가서 기도를 받았고 즉시 치유되었습니다.

그 후, 이 목사는 예수를 구세주로 믿는 기독교 신앙을 포기하고, 이 새로운 종교를 믿기 시작했습니다. 그는 열렬한 추종자가 되었으며 거리 모퉁이에 서서 다른 사람들에게 이 종교를 따르라고 말하기까지 했습니다.

무슨 일이 일어난 것일까요? 그 당시 그는 치유를 받아서 괜찮아 보일지 모르겠지만 그것은 일시적일 뿐이었습니다. 그는 하나님을 버리고 인간의 우상을 섬기는 아주 큰 죄를 짓고 있는 것이 분명합니다. 물론 이것은 사탄의 일이지 하나님이 하시는 일이 아닙니다.

참된 믿음의 신자는 누구인가?

왜 하나님은 이 부목사를 고쳐주지 않으셨을까요? 그리고 왜 그분은 질병으로 고통 받는 모든 사람을 치유하지 않으시는 걸까요? 사랑의 하나님이 정말 존재한다면 왜 그런 불행을 허락하시는 것입니까?

이러한 질문은 "하나님의 뜻이 사람의 뜻과 일치하지 않는다"라는 문제를 다루는 것입니다. 하나님은 고난을 통해서도 사람을 만나기도

하시며 역경을 통해 믿음을 훈련시키십니다. 하나님은 시련을 통해 믿는 자들의 신앙을 더 강하게 하실 위대한 계획을 갖고 계십니다.

이것은 하나님께서 우리에게 시련과 고난만을 주신다는 의미가 아닙니다. 물론 고난과 시련을 이기는 자에게는 상을 주십니다. 성경의 모든 영적 영웅을 보면 그들은 모두 혹독한 어려움을 이겨 냈습니다. 어떤 이들은 믿음으로 전쟁에서 승리하고 개인적인 비극을 극복하며 심각한 관계 문제를 해결했습니다. 일부는 사자의 날카로운 이빨과 불타는 불에서도 살아남았습니다. 또 어떤 이들은 조롱을 당하고 매를 맞고 체포되고 옥에 갇히고 돌로 맞고 반으로 쪼개지고 칼에 찔림을 당하고도 결코 믿음을 저버리지 않았습니다. 그래서 하나님의 인정을 받아 성경에 기록된 것입니다.

믿음은 그런 특성이 있습니다. 하나님을 만나고 천국과 지옥의 실재를 믿는 진정한 신자는 이 땅의 일에 욕심이 없습니다. 그들은 시련과 고난을 이겨 내면서 하나님을 찾습니다. 그러나 연약하거나 참된 믿음이 없는 사람들은 그들의 기도에 응답이 없을 때 하나님을 포기하고 버립니다. 그들은 이단이나 사이비 종교에 가입할 수도 있습니다. 그러나 참된 믿음은 성령의 열매 맺기를 기다릴 줄 압니다. 그리고 성령의 열매를 맺는 것은 혼자의 힘으로 되는 것이 아닙니다. 우리가 믿는 분과 협력하여야 이루어진다고 예수께서 말씀하셨습니다.

> 내 안에 거하라 나도 너희 안에 거하리라. 가지가
> 포도나무에 붙어 있지 아니하면 스스로 열매를 맺을 수
> 없음 같이 너희도 내 안에 있지 아니하면 그러하리라.
>
> 요한복음 15:4

포기하지 않는 믿음이 있는 사람만이 열매를 맺고 하나님의 상급과 영원한 구원을 받을 수 있습니다. 우리가 그러한 믿음을 가질 때 일어나는 놀라운 일들이 성경 속에 기록되어 있습니다.

> 동이 서에서 먼 것 같이 우리의 죄과를
> 우리에게서 멀리 옮기셨으며
>
> 시편 103:12

> 또 그들의 죄와 그들의 불법을 내가 다시 기억하지
> 아니하리라 하셨으니
>
> 히브리서 10:17

> 영접하는 자 곧 그 이름을 믿는 자들에게는 하나님의
> 자녀가 되는 권세를 주셨으니
>
> 요한복음 1:12

신실한 믿음은 하나님께서 죄를 용서하고 깨끗하게 하실 수 있도록 합니다. 하나님은 죄를 기억조차 하지 않으시기에 더 이상 괴로워하지 않아도 된다고 하십니다. 여러분은 더 이상 죄의 종이 아니며, 여러분의 지위는 이제 살아 계신 전능하신 하나님의 자녀입니다. 여러분은 이제 그분의 자녀로서의 권위를 갖게 되었습니다. 이것은 여러분이 하나님의 손에 있는 온 우주를 소유한다는 것을 의미합니다. 이것이 우리가 기도할 때 하나님을 아버지라고 부르는 이유입니다. 그뿐만 아니라 천국에서도 영원한 상급을 받게 됩니다. 천국은 너무나 중요한 개념이므로 다음 장에서 좀 더 자세히 살펴보겠습니다.

하나님이 세상을 이처럼 사랑하사 독생자를 주셨으니
이는 그를 믿는 자마다 멸망하지 않고
영생을 얻게 하려 하심이라.

요한복음 3:16

Chapter 10

천국의 3단계

이같이 너희 빛이 사람 앞에 비치게 하여
그들로 너희 착한 행실을 보고 하늘에 계신 너희 아버지께
영광을 돌리게 하라.

마태복음 5:16

많은 사람이 천국을 하늘 너머 어딘가에 있는 곳으로 생각하는데, 이는 천국을 잘못 이해하고 있는 것입니다. 성경을 자세히 살펴보면 천국의 참 의미가 "하나님의 나라"임을 알게 됩니다. 우리는 성경 곳곳에서 "하나님의 나라"와 "천국"이라는 표현을 볼 수 있지만 그것들은 모두 같은 곳을 의미합니다. 이름이 왜 두 가지일까요? 하나님의 존귀한 이름을 사용하는 것을 피하는 유대 전통 때문일 것입니다. 다시 말하자면, 유대인 전통에서 "킹덤 오브 헤븐(Kingdom of Heaven)"이라고 말하는 것은 허용되었지만 "킹덤 오브 갓(Kingdom of God)"은 사용하지 않았다는 뜻입니다.

천국에는 세 가지 유형이 있으며 모든 신자 안에서 시작됩니다.

천국의 1단계: 성령이 내재하는 삶

어떤 신자들은 천국을 죽어서 가는 곳이며 지상 생활을 통해 천국을 경험할 수 있다고 생각합니다. 예수께서는 어디에서 그분의 왕국을 찾을 수 있는지에 대해 다음과 같이 말씀하셨습니다.

> 바리새인들이 하나님의 나라가 어느 때에 임하나이까
> 묻거늘 예수께서 대답하여 이르시되 하나님의 나라는
> 볼 수 있게 임하는 것이 아니요. 또 여기 있다 저기
> 있다고도 못하리니, 하나님의 나라는 너희 안에 있느니라.
>
> 누가복음 17:20~21

예수님은 "하나님의 나라는 너희 안에 있다"라고 분명히 말씀하셨는데, 이는 천국(하나님의 나라)도 존재의 상태라는 뜻입니다. 사람이 참된 믿음을 가질 때 기쁨과 행복의 근원인 천국이 그 사람의 영혼 안에 형성되기 시작합니다.

마태복음 6장 주기도문의 "뜻이 하늘에서 이룬 것 같이 땅에서도 이루어지이다"라는 의미는 천국이 하나님의 주권으로 다스리시는 곳임을 암시합니다. 또한 우리는 하나님의 나라가 이 땅에 있지 않음을 압니다. 왜냐하면 예수님께서도 다음과 같이 말씀하셨기 때문입니다. "내 나라는 이 세상에 속한 것이 아니니라. 만일 내 나라가 이 세상에 속한 것이었더라면 내 종들이 싸워 나로 유대인들에게 넘겨지지 않게 하였으리라 이제 내 나라는 여기에 속한 것이 아니니라(요 18:36)."

예수님은 흑암의 왕국에서 온 인류를 구원하기 위해 이 땅에 오셨습니다. 누구든지 예수 그리스도를 믿고 그의 길을 따르는 자는 영원한 하나님의 나라, 천국에 갈 것입니다. 한편, 신자는 지상에 있으면서 하

나님의 자녀가 되고(요 1:12), 하나님의 영(성령)이 그 안에 거하여 천국의 일부를 그에게 가져오는데, 이는 본질적으로 하나님의 통치를 받기 때문입니다.

그런 의미에서 예수님은 천국은 사람에게 오는 것이 아니라 사람의 마음에 있다고 말씀하셨습니다. 이 천국은 믿는 자의 마음에서만 가능합니다. 그러나 마음은 여전히 그가 타고난 죄의 본성으로 인해 흐려질 수 있습니다. 선과 악이 겨루는 이 내전은 믿는 자의 마음에도 있습니다. 하늘이 이기면 행복이 오고, 죄가 이기면 불행이 영혼을 덮칩니다. 안타깝게도 많은 기독교인이 이 원리를 이해하지 못하고 있습니다. 땅끝에 있을 마지막 완성된 천국이 오기까지 이 땅의 모든 신자에게는 영적 전쟁이 있습니다.

천국의 2단계: 그리스도의 밀레니엄, 1,000년 통치의 지구

이미 성령을 경험했다면, 죽은 후 천국을 향한 여정이 어떤 것인지 궁금할 것입니다. 성경에 따르면, 예수 그리스도를 진정으로 믿는 사람은 죽은 후 육신과 영이 분리됩니다. 그의 육신은 땅에서 썩어 가지만 그의 영은 예수 그리스도의 재림 때까지 믿는 이들의 영이 사는 임시 천국인 낙원으로 갑니다. 예수님은 십자가 위에서 처음으로 낙원을 언급하셨습니다. 오른편에 매달린 강도가 자신의 죄를 용서해 달라고 간청하자 예수님은 이렇게 대답하셨습니다.

예수께서 이르시되 내가 진실로 네게 이르노니 오늘 네가
나와 함께 낙원에 있으리라 하시니라.

누가복음 23:43

낙원에서 신자들의 영은 영원한 천국이 임하기를 기다리며 평화롭게 잠자듯이 하나님께로 돌아갑니다. 그리고 예수 그리스도께서 이 땅에 재림하실 때 그들은 모두 새 몸으로 부활할 것입니다. 성경은 이것을 "첫째 부활"이라고 부릅니다.

이 첫째 부활에는 예수 그리스도를 믿는 자만이 부활합니다. 먼저 죽은 불신자들은 첫째 부활에 부활하지 않고, 부활하는 신자들은 천년왕국에서 예수 그리스도와 함께 왕처럼 다스리게 될 것입니다. 성경은 첫째 부활에 참예하는 자가 복이 있다고 말합니다.

또 내가 보좌들을 보니 거기에 앉은 자들이 있어 심판하는
권세를 받았더라. 또 내가 보니 예수를 증언함과 하나님의
말씀 때문에 목 베임을 당한 자들의 영혼들과 또 짐승과
그의 우상에게 경배하지 아니하고 그들의 이마와 손에
그의 표를 받지 아니한 자들이 살아서 그리스도와 더불어
천 년 동안 왕 노릇 하니, 그 나머지 죽은 자들은 그 천 년이
차기까지 살지 못하더라. 이는 첫째 부활이라.
이 첫째 부활에 참여하는 자들은 복이 있고 거룩하도다.
둘째 사망이 그들을 다스리는 권세가 없고 도리어 그들이
하나님과 그리스도의 제사장이 되어 천 년 동안
그리스도와 더불어 왕 노릇 하리라.

요한계시록 20:4~6

이 밀레니엄의 천년왕국이 시작되기 전에 사탄과 그의 타락한 천사들이 모두 감옥에 갇히기 때문에 사탄의 세력이 존재하지 않습니다.

> 용을 잡으니 곧 옛 뱀이요 마귀요 사탄이라 잡아서
> 천 년 동안 결박하여 무저갱에 던져 넣어 잠그고
> 그 위에 인봉하여 천 년이 차도록 다시는 만국을 미혹하지
> 못하게 하였는데 그 후에는 반드시 잠깐 놓이리라.
>
> 요한계시록 20:2~3

천년왕국은 완성된 천국이 아니라 지상천국과 완성된 천국을 잇는 다리와 같습니다. 더군다나 그곳에는 영혼만 사는 곳이 아니라 변화된 몸과 이 땅의 물질적 소유를 가진 신자들도 있습니다.

어쨌든 성경은 천년왕국이 끝날 때 '백보좌 심판'이 도래한다고 말합니다. 백보좌 심판에서 생명책에 기록된 모든 믿는 자는 다 영원한 천국에 들어가고, 불의를 행한 자는 다 지옥에 갑니다. 이 기간에 두 번째 죽음이 발생합니다. 여기서 성경이 말하는 바를 이해하는 것은 매우 중요합니다.

> 또 내가 크고 흰 보좌와 그 위에 앉으신 이를 보니 땅과
> 하늘이 그 앞에서 피하여 간 데 없더라. 또 내가 보니
> 죽은 자들이 큰 자나 작은 자나 그 보좌 앞에 서 있는데
> 책들이 펴 있고 또 다른 책이 펴졌으니 곧 생명책이라
> 죽은 자들이 자기 행위를 따라 책들에 기록된 대로
> 심판을 받으니, 바다가 그 가운데에서 죽은 자들을 내주고
> 또 사망과 음부도 그 가운데에서 죽은 자들을 내주매
> 각 사람이 자기의 행위대로 심판을 받고, 사망과 음부도

불못에 던져지니 이것은 둘째 사망 곧 불못이라. 누구든지
생명책에 기록되지 못한 자는 불못에 던져지더라.

요한계시록 20:11~15

위의 성경 구절에 따르면, 첫째 부활로 부활한 신자와 죽은 불신자들은 모두 주 예수 그리스도 앞에 서게 됩니다. 여기에서 두 가지 심판책이 모든 사람의 믿음을 측정할 것입니다. "책들이 펴 있고 또 다른 책이 펴져 있더라"에서 말하는 두 가지 책은 바로 생명책과 사람의 모든 행위를 기록한 책입니다.

생명책에는 예수 그리스도를 믿는 자들의 이름이 기록되어 있습니다. 다른 책에는 사람이 땅에 사는 동안의 모든 행위가 기록되어 있습니다. 생명책에 기록된 자는 완성된 천국에 가고, 생명책에 기록되지 않은 자는 행한 대로 심판을 받아 불못에 보내집니다. 성서는 이것을 "둘째 사망"이라고 부릅니다.

천국의 3단계: 완성된 천국

복음서 네 권을 아무리 읽어도 천국이 어떻게 완성되는지 알 수 없습니다. 신약 성경의 서신 여기저기서 천국에 대해 간략하게 이야기하고 있지만, 천국의 전체 그림을 그리기에는 설명이 부족합니다. 코끼리의 몸통과 다리만 만진 후 그림을 그리라고 하는 것과 같습니다.

보라 내가 새 하늘과 새 땅을 창조하나니
이전 것은 기억되거나 마음에 생각나지 아니할 것이라.

이사야 65:17

성경에서 말하는 새 하늘과 새 땅은 어떤 모습일까요? 우리는 천국에 다녀온 성도들의 책과 간증을 많이 접하지만, 이 기록들이 서로 다른 경우가 많다는 것은 다소 이상합니다. 사람의 국적과 문화에 따라 천국이 바뀐다면 이러한 목격담은 의심할 여지가 있는 것입니다.

고맙게도 사도 요한은 요한계시록에 천국의 거리가 금으로 포장되고 진주와 모든 종류의 보석으로 장식된 것을 목격하여 계시록에 구체적으로 기록했습니다. 그것은 물질로 이루어진 물리적 세계로 명확하게 묘사되어 있습니다. 그러므로 완성된 천국은 영적으로만 창조된 세계가 아닌 물리적 요소도 있는 실재 세계라는 것으로 이해할 수 있습니다.

성령으로 나를 데리고 크고 높은 산으로 올라가
하나님께로부터 하늘에서 내려오는 거룩한 성 예루살렘을
보이니, 하나님의 영광이 있어 그 성의 빛이 지극히 귀한
보석 같고 벽옥과 수정 같이 맑더라. 크고 높은 성곽이
있고 열두 문이 있는데 문에 열두 천사가 있고
그 문들 위에 이름을 썼으니 이스라엘 자손 열두 지파의
이름들이라. 동쪽에 세 문, 북쪽에 세 문, 남쪽에 세 문,
서쪽에 세 문이니, 그 성의 성곽에는 열두 기초석이 있고
그 위에는 어린 양의 열두 사도의 열두 이름이 있더라.
내게 말하는 자가 그 성과 그 문들과 성곽을 측량하려고
금 갈대 자를 가졌더라. 그 성은 네모가 반듯하여
길이와 너비가 같은지라 그 갈대 자로 그 성을 측량하니
만 이천 스다디온이요 길이와 너비와 높이가 같더라.
그 성곽을 측량하매 백사십사 규빗이니 사람의 측량
곧 천사의 측량이라.
그 성곽은 벽옥으로 쌓였고 그 성은 정금인데 맑은 유리
같더라. 그 성의 성곽의 기초석은 각색 보석으로 꾸몄는데

첫째 기초석은 벽옥이요 둘째는 남보석이요 셋째는 옥수요
넷째는 녹보석이요 다섯째는 홍마노요 여섯째는
홍보석이요 일곱째는 황옥이요 여덟째는 녹옥이요
아홉째는 담황옥이요 열째는 비취옥이요 열한째는
청옥이요 열두째는 자수정이라
그 열두 문은 열두 진주니 각 문마다 한 개의 진주로 되어 있고
성의 길은 맑은 유리 같은 정금이더라.

요한계시록 21:10~21

또 그가 수정 같이 맑은 생명수의 강을 내게 보이니
하나님과 및 어린 양의 보좌로부터 나와서 길 가운데로
흐르더라. 강 좌우에 생명나무가 있어 열두 가지 열매를
맺되 달마다 그 열매를 맺고 그 나무 잎사귀들은 만국을
치료하기 위하여 있더라. 다시 저주가 없으며 하나님과
그 어린 양의 보좌가 그 가운데에 있으리니 그의 종들이
그를 섬기며 그의 얼굴을 볼 터이요 그의 이름도 그들의
이마에 있으리라. 다시 밤이 없겠고 등불과 햇빛이 쓸 데
없으니 이는 주 하나님이 그들에게 비치심이라
그들이 세세토록 왕 노릇 하리로다.

요한계시록 22:1~5

위의 구절 중 "하나님께로부터 하늘에서 내려오는 거룩한 성 예루살렘"을 주목하십시오. 즉 완성된 천국은 하늘에 있는 것이 아니라 완전히 새로운 땅과 하늘입니다. 완성된 천국은 결코 하늘에 있는 어떤 영적인 곳이 아닙니다. 현재의 땅은 사라지겠지만 믿는 자들은 하나님께서 우리의 상상을 초월하는 아름다움으로 빚어진 새 땅에 들어가게 될 것입니다. 이 완성된 천국은 본질적으로 물리적인 동시에 영적인 장소입니다.

천국에서는 어떤 몸을 갖게 되는가?

신자가 죽으면 그의 몸은 부패합니다. 그러나 마지막 날에 하나님은 썩어진 몸을 영생으로 다시 살리셔서 그가 결코 아프거나 다치거나 죽지 않게 하실 것입니다. 낙원에 사는 신자의 영은 새 몸을 받게 됩니다. 이런 식으로 모든 신자는 부활합니다. 그러므로 인간은 영원한 육신의 존재가 될 것이라는 사실에 대해 성경에서는 아주 분명히 하고 있습니다.

이것이 모두 사실이라면 기독교인들은 천국에서 어떤 초월적 신체를 갖게 될까요? 아니면 늙어서 죽은 신자는 늙어서 천국에 들어가고, 어려서 죽은 신자는 어려서 천국에 들어가는 걸까요? 실제로 성경에서는 몸이 변화한다고 말합니다.

나팔소리가 나매 죽은 자들이 썩지 아니할 것으로
다시 살아나고 우리도 변화되리라.

고린도전서 15:52

죽은 자의 부활도 그와 같으니 썩을 것으로 심고 썩지
아니할 것으로 다시 살아나며 욕된 것으로 심고
영광스러운 것으로 다시 살아나며 약한 것으로 심고
강한 것으로 다시 살아나며 육의 몸으로 심고
신령한 몸으로 다시 살아나나니 육의 몸이 있은즉
또 영의 몸도 있느니라.
기록된 바 첫 사람 아담은 생령이 되었다 함과 같이
마지막 아담은 살려주는 영이 되었나니
그러나 먼저는 신령한 사람이 아니요 육의 사람이요
그 다음에 신령한 사람이니라. 첫 사람은 땅에서 났으니 흙에 속한 자이거니와 둘째 사람은 하늘에서 나셨느니라.
무릇 흙에 속한 자들은 저 흙에 속한 자와 같고 무릇
하늘에 속한 자들은 저 하늘에 속한 이와 같으니
우리가 흙에 속한 자의 형상을 입은 것 같이
또한 하늘에 속한 이의 형상을 입으리라.

고린도전서 15:42~49

대부분의 신자는 육신과 영이 천국에 들어갈 때 가장 영광스러운 상태로 변화될 것이라고 믿습니다. 우리가 받는 새 몸의 나이는 인생에서 가장 건강하고 젊을 때일 것입니다. 그리고 변화된 우리의 영혼은 좋은 생각과 감정과 관계만이 가능한 가장 영광스러운 상태로 성화될 것입니다. 그리하여 천국에는 기쁨과 행복만 존재합니다.

천국에서는 무엇을 하는가?

과연 천국에서는 우리가 무엇을 하게 될지 궁금해집니다. 어떤 사람들은 천국에서 우리가 끝없이 하나님을 찬양하고, 쉬고, 기도하고, 합창단에서 노래할 것이라고 단순하게 생각합니다. 실제로 천국에서는 하나님을 만나는 영광을 누리게 됩니다. 한 국가의 대통령이나 좋아하는 유명인을 만나면 얼마나 기쁠지 생각해 보십시오. 이제 아브라함, 모세, 다윗, 그리고 성경 역사와 그 이후의 모든 유명한 믿음의 기둥을 만나는 것을 상상해 보십시오.

내가 들으니 보좌에서 큰 음성이 나서 이르되
보라 하나님의 장막이 사람들과 함께 있으매
하나님이 그들과 함께 계시리니, 그들은 하나님의 백성이
되고 하나님은 친히 그들과 함께 계셔서

요한계시록 21:3

천국은 그냥 쉬는 곳이 아닙니다. 일을 마친 후에야 쉴 수 있다는 사실을 염두에 두시기 바랍니다. 하나님도 육으로 천하를 창조하신 후 일곱째 날에 안식하셨고 지금도 우리를 위하여 일하고 계십니다.

예수께서 그들에게 이르시되
내 아버지께서 이제까지 일하시니 나도 일한다 하시매

요한복음 5:17

요한복음에 하늘에 계신 하나님이 역사하신다고 기록되어 있으니 성도들도 하나님을 찬양하는 일을 하게 될 것입니다. 그리고 이는 어떤 의미에서 전혀 일이라고 규정할 수 없습니다. 요한계시록에서 사도 요한이 하늘을 통하여 일곱 천사 중 한 천사의 인도를 받았다는 것을 생각해 봅시다. 신자들은 천사의 인도를 받아 천국의 모든 멋진 곳을 보고 즐길 수 있습니다. 끝이 보이지 않는 상상할 수 없을 정도로 아름답고 멋진 장소에서 관광과 식사, 엔터테인먼트 같은 하고 싶은 일을 하면서 시간을 보내는 것을 상상해 보십시오.

지상 낙원을 누리기 위해

완성된 천국에 들어가기 전, 지상 낙원을 누리기 위해서는 먼저 우리 존재의 가치를 알아야 합니다. 많은 사람이 이 땅에서 꿈을 좇지만, 그 꿈은 오직 하나님을 통해서만 가능합니다. 인간은 자신의 꿈을 하나님의 뜻에 맞출 때 행복할 수 있습니다. 그러나 이기적인 야망과 거짓된 꿈을 좇는 것은 행복을 가져다줄 수 없습니다.

참된 믿음은 생명의 열매로 나타나며 그 열매의 중심은 사랑입니다. 하나님의 사랑이 삶을 통해 나타난다면 그가 진정한 믿음을 향한 발걸음을 내디뎠다고 볼 수 있습니다. 예수 그리스도께서는 우리가 하나님을 사랑하는 것과 이웃을 사랑하는 두 가지를 해야 한다고 명령하셨습니다. 그러므로 사람이 진정으로 예수 그리스도를 믿으면 이 두 가지 영적인 열매를 맺게 됩니다.

사랑은 행복의 진정한 열쇠

예수님을 만나기 전에 여러분은 사랑이 감성적인 감정이라고 생각했을지도 모릅니다. 아마도 남자와 여자 사이의 애정 어린 사랑을 생각해 보았을 것입니다. 그러나 진정한 사랑은 예수님이 이 땅에 오셨을 때 보여주신 것처럼 훨씬 더 깊고 심오합니다. 하나님은 이처럼 우리를 사랑하여 예수님을 보내 우리를 대신하여 죽게 하셨습니다.(요 3:16) 이기적인 욕심을 버리고 자발적으로 남을 섬기는 것이 진정한 사랑입니다. 이러한 태도로 우리는 하나님과 이웃을 사랑하라는 명령을 받았습니다.

예수께서 이르시되 **네 마음을 다하고 목숨을 다하고**
뜻을 다하여 주 너의 하나님을 사랑하라 하셨으니
이것이 크고 첫째 되는 계명이요 둘째도 그와 같으니
네 이웃을 네 자신 같이 사랑하라 하셨으니
이 두 계명이 온 율법과 선지자의 강령이니라.

마태복음 22:37~40

성경이 말하는 사랑의 경계는 무엇입니까? 누군가는 약하고 가난한 사람들을 돕는다고 하고, 누군가는 도움이 필요한 사람에게 베푼다고 합니다. 신앙에서는 피상적인 경계가 중요하지 않습니다. 중요한 것은 남에 대한 사랑이 제 마음에 있느냐 없느냐의 차이입니다. 현재 많은 교회는 다른 모든 교회를 제외한 자신의 교회만을 사랑합니다. 일부 교회와 기독교인은 자신의 지역 사회에서 사람들에게 상처를 주고 자신만을 돌본다는 이유로 대중에게 비난받습니다. 이런 경우에 성경은 교회와 성도들에게 엄중한 심판을 선언합니다.

또 왼편에 있는 자들에게 이르시되 저주를 받은 자들아.
나를 떠나 마귀와 그 사자들을 위하여 예비된 영원한 불에
들어가라. 내가 주릴 때에 너희가 먹을 것을 주지
아니하였고 목마를 때에 마시게 하지 아니하였고
나그네 되었을 때에 영접하지 아니하였고 헐벗었을 때에
옷 입히지 아니하였고 병들었을 때와 옥에 갇혔을 때에
돌보지 아니하였느니라 하시니
그들도 대답하여 이르되 주여 우리가 어느 때에 주께서
주리신 것이나 목마르신 것이나 나그네 되신 것이나
헐벗으신 것이나 병드신 것이나 옥에 갇히신 것을 보고
공양하지 아니하더이까.

이에 임금이 대답하여 이르시되, 내가 진실로 너희에게
이르노니 이 지극히 작은 자 하나에게 하지 아니한 것이
곧 내게 하지 아니한 것이니라 하시리니,
그들은 영벌에 의인들은 영생에 들어가리라 하시니라.

마태복음 25:41~46

사실 이웃을 사랑하는 것은 하나님을 섬기는 것과 같습니다. 그러나 오늘날의 기독교인들은 예수님이 보여주신 봉사의 표본을 거의 따르지 않습니다. 예배를 통해 그들은 오직 하나님과 그분만을 사랑하게 되었습니다. 그들은 실제로 다른 사람들을 돕기 위해 거의 노력하지 않습니다. 믿음과 하나님의 뜻을 잘못 이해하고 있기 때문에 세상이 기독교를 조롱하는 것입니다.

천국의 참 모습은 사랑의 완성입니다. 우리는 사랑으로 구원을 받았고 천국을 선물로 받았습니다. 하나님은 사랑을 나타내기 위해 땅에 생명을 창조하셨습니다. 그러므로 창조주 하나님을 사랑하는 것과 그의 형상대로 지음 받은 이웃을 사랑하는 것은 모든 신자의 의무입니다. 그런 의미에서 전도는 다른 사람의 영혼을 깊이 염려하는 사랑에서 샘솟습니다. 또한 우리의 삶이 복음으로 다른 사람을 감동시켜 그들이 어둠에서 진정한 기쁨으로 옮겨 가는 것을 보는 것은 우리 자신을 궁극적 행복으로 인도합니다.

곰곰이 생각해 보면, 이웃을 사랑하는 것은 실제로 자신을 사랑하는 것이며, 자신을 고귀하게 만드는 방법입니다. 역사적으로 위대한 인물(기독교적 관점에서 볼 때)은 자신만을 위해 살았던 적이 없습니다. 그들이 다른 사람들을 위해 살았기 때문에 존경받는 것입니다. 죠지 뮬러가 그러한 예입니다. 그는 평생 만 명이 넘는 고아들을 돌보았는데, 고아원 사역

을 하면서 오로지 하나님의 사랑과 능력에만 의지하며 놀라운 기도의 응답과 기적을 목도한 사람입니다.

이웃을 사랑하는 것은 삶에 진정한 행복을 가져다주는 것이기 때문에 주는 사람과 받는 사람 모두를 더욱 빛나게 합니다. 자신만 사랑하는 것은 불행의 시작이고 남을 사랑하는 것이 행복의 시작입니다.

사람이 죽으면 천국이나 지옥으로 직행하는가?

한 교회 장로가 평생 교회를 섬겼습니다. 그는 매일 새벽 5시 30분 새벽 기도회에 참석했고, 헌신적인 교회 지도자로서 수요일과 금요일 저녁 예배와 주일 예배에 참석했습니다. 사실, 이것은 한국 교회 기독교인의 전형적인 모습입니다. 어느 날 그는 성경을 읽다가 목사님에게 다음과 같은 질문을 했습니다. "충실한 그리스도인들이 죽으면 바로 천국에 가나요? 아니면 예수 그리스도께서 재림하시는 날에 하늘에 있는 그리스도인들은 그와 함께 땅에 내려왔다가 나중에 다시 하늘로 올라가는 것 아닐까요?"

목사님은 명쾌한 대답을 하지 못했습니다. 사실 성경을 읽다 보면 이런 질문이 많이 나옵니다. 성경은 명료하게 서술된 글이 아니라 비유로 가득 차 있기 때문입니다. 이제 성경이 천국에 대해 무엇이라고 말하는지 다시 살펴봄으로써 이에 대한 답을 찾아보겠습니다.

> 또 내가 새 하늘과 새 땅을 보니 처음 하늘과 처음 땅이
> 없어졌고 바다도 다시 있지 않더라. 또 내가 보매 거룩한
> 성 새 예루살렘이 하나님께로부터 하늘에서 내려오니

그 준비한 것이 신부가 남편을 위하여 단장한 것 같더라.
내가 들으니 보좌에서 큰 음성이 나서 이르되, 보라
하나님의 장막이 사람들과 함께 있으매 하나님이 그들과
함께 계시리니 그들은 하나님의 백성이 되고 하나님은
친히 그들과 함께 계셔서 모든 눈물을 그 눈에서
닦아주시니 다시는 사망이 없고 애통하는 것이나 곡하는
것이나 아픈 것이 다시 있지 아니하리니
처음 것들이 다 지나갔음이러라.

요한계시록 21:1~4

이 질문에 답할 수 있는 많은 단서가 신약 성경의 사도 바울의 편지에서 발견됩니다. 먼저 고린도전서 15장을 살펴봅시다.

보라 내가 너희에게 비밀을 말하노니 **우리가 다 잠 잘 것이
아니요** 마지막 나팔에 순식간에 홀연히
다 변화되리니, 나팔 소리가 나매 죽은 자들이
썩지 아니할 것으로 다시 살아나고 우리도 변화되리라.

고린도전서 15:51~52

사도 바울에 따르면 죽은 신자들은 자고 있는 상태라고 합니다. 이것이 사실이라면 그들은 어디에서 자고 있는 것입니까? 천국에서 자고 있을까요? 그것은 물론 불가능합니다. 이것을 좀 더 명확히 이해하기 위해서는 다음 성경 구절을 주의 깊게 살펴보아야 합니다.

우리가 예수께서 죽으셨다가 다시 살아나심을 믿을진대
이와 같이 **예수 안에서 자는 자들도** 하나님이 그와 함께
데리고 오시리라. 우리가 주의 말씀으로 너희에게 이것을
말하노니 주께서 강림하실 때까지 우리 살아남아 있는
자도 자는 자보다 결코 앞서지 못하리라. 주께서 호령과
천사장의 소리와 하나님의 나팔 소리로 친히 하늘로부터
강림하시리니 그리스도 안에서 죽은 자들이 먼저 일어나고,
그 후에 우리 살아남은 자들도 그들과 함께
구름 속으로 끌어 올려 공중에서 주를 영접하게 하시리니
그리하여 우리가 항상 주와 함께 있으리라.

데살로니가전서 4:14~17

위 구절에 따르면 죽은 신자는 완성된 천국이 아닌 다른 곳에서 잠을 잡니다. 그들은 예수 그리스도께서 재림하실 때 부활하고 깨어나 만날 것입니다. 이것이 모두 사실이라면 죽은 그리스도인들은 어디에서 잠을 잘까요? 다음 구절은 그 질문에 매우 분명하게 답하고 있습니다.

이르되 예수여 당신의 나라에 임하실 때에 나를
기억하소서 하니 예수께서 이르시되 내가 진실로 네게
이르노니 오늘 네가 나와 함께 낙원에 있으리라 하시니라.

누가복음 23:42~43

이제 답이 보이는 듯합니다. 성경을 보면 신자는 죽어서 바로 영원한 천국에 가는 것이 아니고 "낙원"("잠자는"으로 표현됨)에 머뭅니다. 낙원은 때때로 "아브라함의 품"이라고도 불립니다. 물론 이 낙원이 어디 있는지는 아무도 모릅니다.

그러나 불신자가 죽으면 욥이 말한 대로 "무덤"으로 가게 됩니다. "나의 기운이 쇠하였으며 나의 날이 다하였고 무덤이 나를 위하여 준비되었구나(욥 17:1)." 이 무덤은 어디에 있습니까? 저희는 우리가 사는 이 세상이 온전한 무덤이라고 믿습니다. 그리고 이 무덤에는 수많은 죽은 불신자와 타락한 천사들의 영들이 살고 있습니다.

Chapter 11

율법을 통한 믿음 강화

복음에 대한 설명을 마치기 전에 구약의 율법이 신약의 복음과 어떤 관계가 있는지 살펴볼 필요가 있습니다.

많은 기독교인이 신약의 하나님을 사랑하고 용서하는 이미지로 그리는 반면 구약의 하나님을 잔인하고 징벌하는 분으로 여기는 경우가 있습니다. 교회는 이 명백한 모순에 대해 그리 좋은 해답을 제시하지 못하며, 때로는 사람들의 혼란을 가중하기도 합니다. 성경 교사들은 의롭고 공의로우신 하나님이 법에 따라 죄를 벌하셔야 했고, 그래서 구약의 하나님이 잔인하게 보이시는 것이지만, 신약의 하나님은 예수님을 통해 사랑의 본성을 나타내시며 실수하는 자들을 용서하시고 친구가 되신다고 설명합니다.

그러나 그러한 해석은 적절하지 않습니다. 어떻게 하나님의 성품이 시대에 따라 변할 수 있겠습니까? 야고보는 신약에서 이렇게 말했습니다.

> 온갖 좋은 은사와 온전한 선물이 다 위로부터 빛들의
> 아버지께로부터 내려오나니 그는 **변함도 없으시고**
> 회전하는 그림자도 없으시니라.
>
> 야고보서 1:17

또한 하나님은 구약에 말라기 선지자를 통해 다음과 같이 말씀하셨습니다.

나 **여호와는 변하지 아니하나니** 그러므로 야곱의 자손들아
너희가 소멸되지 아니하느니라.

말라기 3:6

우선 구약의 하나님이 과연 잔인하신지 정확히 살펴봅시다. 사실 그분은 이스라엘의 멸망에 대한 결정을 여러 번 번복하셨습니다. 그분이 그들에게 원하셨던 것은 오늘날에도 여전히 우리 모두에게 원하시는 것입니다. 하나님은 이스라엘에게 이렇게 말씀하셨습니다.

너는 가서 북을 향하여 이 말을 선포하여 이르라
여호와께서 이르시되 **배역한 이스라엘아 돌아오라**
나의 노한 얼굴을 너희에게로 향하지 아니하리라
나는 긍휼이 있는 자라 노를 한없이 품지 아니하느니라.
여호와의 말씀이니라.

예레미야 3:12

성경 전체에 걸쳐 하나님은 모든 사람에게 한 가지 일관된 것을 요구하셨습니다. 바로 하나님을 향한 귀환입니다. 그 뜻을 이루기 위해 예수님이 오셨습니다.

완전하지 않은 구약의 법

메시아 예수께서는 유대 백성 가운데서 사역을 시작하셨을 때 그들을 놀라게 하셨습니다. 그는 그들이 메시아로부터 기대하는 일을 하지 않았습니다. 그 당시에는 구약의 율법이 높이 평가되었는데 여기에는 토라(성경의 처음 5권)에 있는 613개의 성문법뿐 아니라 백성들이 율법을 지킬 수 있도록 종교 지도자들이 편찬한 구전 율법도 포함되어 있었습니다. 이러한 법률은 수천 가지였습니다. 예를 들어, 성문법은 안식일에 일하지 말라고 명시하지만 "일"이 정확히 무엇을 의미하는지 말하지 않습니다. 따라서 종교 지도자들은 안식일에 아무 일도 행하지 않는 것을 확실시하기 위해 수백 가지의 해야 할 일, 그리고 하지 말아야 할 일을 구별해야 했습니다.

예수께서는 사람의 마음에서 나온 이러한 법을 존중하지 않으셨습니다. 예를 들어, 제자들이 거룩한 안식일에 밭에서 곡식을 취하여 배고픔을 달래자 종교 지도자들은 그들이 일한다고 비난했습니다(마 12:1~8). 또 예수님은 안식일에 병자들을 고쳐 주셨는데, 그 당시에는 그것도 일로 여겨졌습니다!(눅 13:10~17)

반면에 예수님은 구약에 기록된 율법을 하나님의 양심으로 만드신 것이기 때문에 존중하셨습니다. 하나님의 율법은 특정한 도리와 하지 말아야 할 일(십계명), 제사장을 위한 의례 절차, 그리고 법을 어긴 자를 심판하고 처벌하는 사법 절차로 구성되어 있습니다.

예수님은 이 기록된 율법을 어기지 않으셨습니다. 오히려 그는 법을 완성했다고 주장했습니다. 예수님은 산상 수훈에서 "내가 율법이나 선지자를 폐하러 온 줄로 생각하지 말라. 폐하러 온 것이 아니요 완전하게 하려 함이라(마 5:17)"라고 말씀하셨는데, 이것은 유대 민족이 그토록 높이 평가했던 율법이 불완전했음을 의미합니다. 그렇다면 구약의 율법 중 어느 부분이 완전하지 않을까요?

율법 + 용서 = 복음

메시아가 어떻게 율법을 완성했는지 보기 위해 간음한 여자의 사건을 살펴보겠습니다.

서기관들과 바리새인들이 간음하다 현장에서 잡힌 여자를 예수님 앞으로 끌고 갔습니다. 십계명은 특별히 간음하는 것을 금했고 그 여자는 율법을 어겼습니다. 사법적 율법에 따르면(레 20:10; 신 17:6, 19:15) 두세 증인의 증언을 통해 간음한 자로 입증이 되면 그를 돌로 쳐서 죽이게 되어 있었습니다. 그렇다면 예수님은 이 상황을 어떻게 처리하셨습니까? 손가락으로 땅에 무엇인가 쓰시며 "너희 중에 죄 없는 자가 먼저 돌로 치라"라고 말씀하셨습니다. 이 말을 들은 서기관들과 바리새인들은 자신들의 죄를 깨닫고 하나둘 떠나갔습니다. 그 여인을 고발할 목격자가 한 명도 남지 않은 상황에서 예수님은 그 여인에게 "나도 너를 정죄하지 아니하노니 가서 다시는 죄를 범하지 말라"라며 용서하셨습니다(요 8:3~11).

이 사건으로 인해 많은 유대인과 기독교인은 예수를 불법적인 사람으로 생각하게 되었습니다. 그러나 율법에는 증인이 있어야 했고 그 여자를 고발할 증인이 남지 않았으므로 예수께서 율법을 어긴 것이 아니라고 말할 수 있습니다. 대신 그는 율법에 아직 완전하지 않은 또 다른 중요한 특징인 용서를 추가했습니다. 이것은 사건의 놀라운 전환이며 오래전부터 예언된 것이었습니다.

이 문제를 더 잘 이해하기 위해 창세기 3장 15절로 돌아가 보겠습니다. 하나님이 사탄에게 말씀하셨습니다. "내가 너로 여자와 원수가 되게 하고 네 후손도 여자의 후손과 원수가 되게 하리니, 여자의 후손은 네 머리를 상하게 할 것이요. 너는 그의 발꿈치를 상하게 할 것이니라."

사탄은 예수님의 권위에 도전하고 박해함으로써 궁극적으로 성경에서 예언된 메시아의 발꿈치를 쳤습니다. 그러나 예수님은 사탄의 책략을 이기고 부활하셨습니다. 죄의 결과는 여전히 사망이고, 사탄은 여전히 우리를 그 사망에 빠트리기 위해 열심을 다하지만, 예수님은 생명의 길을 만드셨습니다. 부활하심으로 사망의 권세를 이기셨고, 회개하고 복음을 믿는 모든 사람에게 영생을 얻게 하셨습니다. 부활은 사탄의 머리에 심각한 타격을 입혔고, 결국 그의 머리에 내린 일격은 그에게 영원한 죽음을 가져다줄 것입니다.

예수님의 죽으심과 부활을 통해 죄 사함을 받게 함으로써 창세기 3장 15절의 예언과 율법이 완성되었습니다. 이 예수님의 사역을 믿는 사람은 죄의 삯인 사망에서 구원받을 수 있습니다. 바로 이 완성된 본질적 율법이 복음입니다.

율법 + 용서 = 사랑

사랑 = 복음

복음 = 생명

율법과 용서는 사랑을, 사랑은 복음을, 복음은 생명을 낳는다.

이제 인류는 용서받을 수 있게 되었기에 누구든지 죄 때문에 닥쳐올 죽음에서 자유로워졌지만, 그로 인해 자신의 죄에 대해 무감각해지는 사람도 있습니다. 우리는 자유 의지와 유혹으로 여전히 옛 방식에 의존하는 경향이 있으며, 하나님께서 우리를 용서하셨기 때문에 우리가 무엇을 하든 상관없다고 생각합니다.

그러나 우리가 책임 있는 자유를 누리도록 인도받기 위해서는 하나님의 신성한 법, 즉 그분의 양심이 반드시 필요합니다. 완성된 율법인 복음 안에서 예수님은 하나님의 양심에 대하여 다음과 같이 표현하셨습니다.

> 옛 사람에게 말한 바 살인하지 말라 누구든지 살인하면
> 심판을 받게 되리라 하였다는 것을 너희가 들었으나
> 나는 너희에게 이르노니 형제에게 노하는 자마다
> 심판을 받게 되고 형제를 대하여 라가라 하는 자는
> 공회에 잡혀가게 되고 미련한 놈이라 하는 자는
> 지옥 불에 들어가게 되리라.
>
> 마태복음 5:21~22

이 심오한 깨우침과 우리를 도우시는 성령과의 소통을 통해 하나님은 우리에게 세상의 도덕적 기준보다 더 많은 것을 요구하십니다. 예를 들어, 성경에서는 누군가를 미워하는 것은 그를 물리적으로 죽이는 것과 같다고 말합니다. 예수님은 사람이 마음에 음욕을 품으면 이미 간음한 것이라고 말씀하셨습니다. 구약 시대에는 이러한 하나님의 깊은 양심이 억눌려 있었는데, 이는 그들이 하나님의 기본법도 지키지 못하였기 때문일 것입니다. 하지만 율법에 용서가 추가되어 하나님은 죄인을 벌하거나 일시적인 유예 기간을 부여할 필요가 없게 되었습

니다. 또한 메시아인 예수 그리스도의 공로로 하나님께서 우리의 죄를 영원히 용서할 수 있게 되었습니다.

메시아의 지상 사역의 목적에 대한 오해는 구약의 하나님이 신약의 하나님과 매우 다르게 해석되는 원인이 되었습니다. 그러나 메시아의 오심과 하나님의 용서를 통해 원래의 신성한 법이 완성되었습니다. 복음은 하나님의 마음을 더 깊게 드러냅니다. 이제 우리는 창조주의 본성(구약 율법에 계시된)을 따르고, 복음을 통해 계시된 하나님의 더 깊은 사랑을 이해함으로써 창조주이신 하나님께 더 높은 수준의 믿음과 친밀함으로 다가갈 수 있게 된 것입니다.

Epilogue

복음 전파의 기쁨과 시험

2021년 세계 선교 통계에 의하면 전 세계적으로 해외 선교사의 총수는 43만 명으로 보고되고 있습니다. 그러나 이렇게 수많은 선교사가 하나님을 섬기고 있음에도 불구하고 이상한 일이 일어나고 있습니다. 인류 역사상 이렇게 많은 선교사는 없었음에도 불구하고 기독교가 매우 약해지고 있는 것이 전 세계 곳곳에서 목격됩니다. 왜 그런 현상이 생기는 걸까요?

과거에 선교사의 주된 활동은 예수 그리스도의 복음을 나누는 것이었습니다. 그러나 시간이 지날수록 복음을 전하는 데 헌신하는 선교사는 점차 줄어들었습니다. 저희는 선교사들이 학교와 병원을 짓고, 자선 사역과 행정업무로 매우 바쁘다는 것을 선교지를 방문하면서 알게 되었습니다. 또한 많은 전문 선교사가 생존을 위해 직업을 갖고 있었습니다. 이러한 어려운 상황을 이해하고 있지만, 전 세계적으로 오직 예수 그리스도의 복음만을 전하는 선교사들이 줄어들고 있다는 점을 지적할 필요가 있습니다. 이것은 무시할 수 없는 난제입니다. 게다가 실제로 이 문제를 해결하는 대신 "선교사"에 대한 의미마저 현재의 선교 상황에 따라 변질되고 있습니다.

선교사란 무엇인가?

전통적으로 선교사는 다른 언어나 문화권의 사람들에게 예수 그리스도의 복음을 전하는 사람입니다. 그러나 오늘날에는 복음을 전하지 않는 사람도 선교사라고 합니다. 가령, 교사나 건축업자, 정비사, 의사, 행정관, 자선사업가, 직업 훈련사들도 모두 선교사라고 합니다.

왜 이런 선교사가 많은가?

비정부기구(NGO)는 제3세계 국가의 경제 상황을 개선하고자 하는 제1세계 전문가에게 지원을 제공합니다. 그런데 선교사가 복음을 전하는 활동 외에 생계를 위해 아르바이트를 해도 선교사로 인정받고 있으며, 선교사가 아닌 다른 업종의 전문가로서 NGO의 지원을 받을 수도 있습니다. 그러나 선교사의 목표가 선교지에서 직업적 사역을 하는 목적이 크다면 그는 교회가 아닌 NGO를 통해 사역해야(의료나 교육 사역) 하며, 기독교 선교사라는 칭호를 받으면 안 됩니다.

가혹하게 들릴지 모르지만 우리는 하나님의 계획과 사탄의 계획을 이해해야 합니다. 하나님과 사탄, 양쪽 다 계획을 가지고 있고, 그 계획의 방향은 서로 완전히 정반대입니다. 저는 선교사들이 혼란스러워하지 않고 잘못된 계획을 위해 일하지 않도록 선교사가 무엇인지, 어떤 역할을 하는지 정확히 알기를 바랍니다.

예수 그리스도께서 우리 모두를 죄에서 구원하셔서 영생을 얻게 하셨다는 복음이 전해질 때마다 사람들이 어떻게 회개하고 믿는가에 관하여 둘 중 하나의 결과가 일어났습니다. 어떤 사람들은 회개하고 믿었습니다. 그러나 어떤 사람들은 이 메시지에 반대했을 뿐만 아니라,

그 소식을 전하는 사람들을 종종 구타하고 투옥하고 심지어 처형함으로써 박해했습니다. 보다 심각한 것은 선교라는 이름으로 개인 사업과 이익을 추구하는 사람들이 많다는 것입니다.

사탄은 어느 편에 있는가?

물론 사탄은 우리가 구원의 진리를 듣고 구세주 예수를 믿는 것을 싫어합니다. 우리는 이 책을 통해 사탄이 어떻게 하나님의 사역과 예수 그리스도의 사역, 그리고 모든 제자의 사역을 방해하고 있으며, 복음 전파를 매우 어렵고 불가능하게 할 수 있는지 배웠습니다.

사탄은 무엇을 보고 싶어 할까요? 그들은 선교사가 복음 전파에 집중하지 않고 학교를 짓거나 집을 짓고, 음식을 나눠주고, 직업 학교를 여는 일에 몰두한다면 기뻐할 것입니다. 사탄은 복음을 전하는 데 방해가 된다면 선교사가 하는 이 모든 것을 허용할 것입니다. 사탄은 사람들이 예수 그리스도를 참되게 알게 되는 것을 싫어하기 때문에 겉으로만 배우는 복음 전파를 두려워하지 않습니다.

그렇다면 선교사들이 복음에 집중하지 못하는 이유는 무엇일까요? 그것은 주로 미국과 한국에 있는 교회에서 재정적 지원을 받기 때문입니다. 그들은 생계를 위해 돈을 벌어야 하며 추가 수입을 원합니다. 많은 선교사가 음식을 나눠주고 학교를 지으면서, 동시에 복음을 전할 수 있다고 생각하지만 결코 쉬운 일이 아닙니다. 결국 선교사들은 일이 너무 바쁜 나머지 효과적으로 복음 사역을 감당할 시간이 부족하게 됩니다.

이러한 현상이 일어나는 것은 선교사가 본인의 사역자로서의 소명을 정확히 알고 있지 못하기 때문입니다. 하나님 스스로 인간으로서 사역을 하였기 때문에, 우리는 예수님으로부터 소명을 배울 수 있습니다. 예수께서는 선교사가 자신의 사명의 일부로 무엇을 해야 하는지 직접 지시하셨습니다.

> 그러므로 너희는 가서 모든 민족을 제자로 삼아 아버지와
> 아들과 성령의 이름으로 세례를 베풀고 내가 너희에게
> 분부한 모든 것을 가르쳐 지키게 하라 볼지어다
> 내가 세상 끝날까지 너희와 항상 함께 있으리라 하시니라.
>
> 마태복음 28:19~20

백 명의 선교사가 다른 일로 바빠 복음을 전하지 못한다면, 사탄은 눈도 깜박이지 않을 것입니다. 그가 두려워하고 반대하는 것은 지상명령을 추구하는 한 명의 선교사입니다. 그럼에도 불구하고 우리는 언젠가 주님 앞에 서야 하기 때문에 사탄을 두려워해서는 안 되며 모든 사람이 "잘 하였도다 착하고 충성된 종아."라는 말을 들을 자격이 있기를 바랍니다.

참된 부흥은 하나님이 역사하심으로 나타난다는 예를 들어 보겠습니다. 30년 전 브라질에서는 인구의 90%가 가톨릭 신자였습니다. 그러나 놀랍게도 오늘날 30%가 개신교 기독교인이 되었고, 브라질의 교회는 현재 다른 나라에 선교사를 파견할 정도로 성장했습니다.

중국은 어떻습니까? 중국에는 약 1억 명의 기독교인이 있는 것으로 보고됩니다. 과거에는 지하 교회만이 중국에서 유일하게 참된 교회이며 정부가 승인한 교회는 공산주의자들이 운영하는 것으로 여겨졌습니다. 그러나 지금 많은 삼자교회(Three Self Church)가 참된 말씀을 전하고 있

고, 하나님의 기적을 보여 주고 있으며 그 신자 수도 늘어나고 있습니다. 지금은 시진핑의 압제로 인해 모든 교회가 문을 닫았지만, 언젠가 중국 교회가 성장하면 다른 어느 나라보다 더 많은 선교사를 파견할 수도 있습니다. 또한 이란에서 일어나고 있는 일은 정말 놀랍습니다. 이 이슬람 국가는 다른 종교로 개종하는 모든 사람에게 사형을 부과합니다. 그러나 하나님은 이란 안에서 기적을 행하셨습니다. 30년 전 아야톨라 호메이니(Ayatollah Khomeini)가 정부를 장악한 후, 이란의 기독교인 수는 5천 명으로 줄어들었지만 오늘날에는 약 백만 명이 있는 것으로 보고되고 있습니다.[39)]

브라질, 중국, 이란에서 이러한 성장이 일어난 것이 기독교 선교사들의 자선 활동 때문일까요? 그렇지 않습니다. 위성과 소셜 미디어 및 기타 기술 장치를 통해 복음을 나눈 결과입니다. 이란 정부가 위성 TV 금지를 시도했지만 시청자들이 반대하자 정부는 결정을 번복할 수밖에 없었습니다. 아랍 기독교 방송사들은 계속해서 위성을 통해 복음을 전파하고 있으며, 기독교 개종자와 지하 교회는 계속 늘어나고 있습니다. 하나님께서도 중동 전역의 무슬림들에게 꿈에 나타나셔서 복음 안에서 그들이 들은 바를 확인시켜 주심으로써 복음을 전하시는 것입니다.

이러한 성공을 선교사들의 직업적 활동이나 자선 활동의 결과로 보아서는 안 됩니다. 복음을 전하는 선교사들의 협력과 하나님의 개입으로 이루어진 것입니다.

이란처럼 종교의 자유가 없는 이라크와 아프가니스탄을 보겠습니다. 인도적 지원의 필요성으로 인해 선교사들이 이들 국가에 입국할 기회가 열렸습니다. 그러나 그곳에서 복음을 받으면 여전히 벌을 받습니다.

일본과 태국과 같은 다신교를 믿는 국가들도 부흥을 겪기를 바랍니다. 복음이 전해지면 부흥이 일어나기 때문에 불교나 이슬람교, 힌두교 중심의 나라에 더 많은 선교사가 가기를 바랍니다.

하나님의 역사 완성은 어려운 길이지만, 성령이 함께 하시기 때문에 우리는 결코 혼자가 아닙니다. 결국 우리는 모두 각자의 역할을 받아 성경대로 땅끝까지 복음을 전파하는 하나님의 증인이 될 수 있으리라 믿습니다.

오직 성령이 너희에게 임하시면 너희가 권능을 받고 예루살렘과 온
유대와 사마리아와 **땅 끝까지 이르러**
내 증인이 되리라 하시니라.

사도행전 1:8

ENDNOTES

1) Darwin's Doubt: The Explosive Origin of Animal Life and the Case for Intelligent Design. By Stephen Meyer
2) https://en.wikipedia.org/wiki/Horned_deity
3) See the Babylonian Talmud: Sanhedrin 70a for Rabbinic commentary, available at http://www.come-and-hear.com/ sanhedrin/sanhedrin_70.html
4) See Genesis 9:18–29
5) http://www.roman-empire.net/decline/constantine-index.html
6) http://www.jewishhistory.org/the-roman-empire-adopts-christianity/
7) https://en.wikipedia.org/wiki/Crusades
8) https://en.wikipedia.org/wiki/Inquisition
9) https://carm.org/list-of-roman-catholic-false- teachings, also https://en.wikipedia.org/wiki/Indulgence#Actions_for_which_indulgences_are_granted
10) http://www.britannica.com/event/Reformation
11) http://mayflowerhistory.com/pilgrim-history/
12) https://history.state.gov/milestones/1945-1952/arab-israeli-war
13) See Ezekiel 28:13 of the KJV or NKJV
14) www.derekprince.org/Publisher/File.aspx?ID=1000034917, https:// www.youtube.com/

watch?v=wjmIave0teY.

15) See Genesis 6:4; Numbers 13:33; Deuteronomy 2:10–11, 3:11,13, 20; Joshua 12:4, 13:12, 17:15, 18:16
16) This is approximately 14 feet long and 6 feet wide, or approximately 4 meters long and 1.8 meters wide.
17) This is approximately 9 feet 9 inches or about 3 meters
18) http://www.world-mysteries.com/sar_7.htm
19) http://netowne.com/historical/egyptology/
20) For explanation on cubit length, see https://answersingenesis.org/ noahs-ark/how-long-was-the-original-cubit/
21) For explanation on kinds of animals and how they were cared for, see https://answersingenesis.org/noahs-ark/how-could-noah-fit-the-animals-on-the-ark-and-care-for-them/
22) See the Babylonian Talmud: Sanhedrin 70a for Rabbinic commentary, available at http://www.come-and-hear.com/ sanhedrin/sanhedrin_70.html
23) The Jesus Mysteries by Timothy Freke and Peter Gandy
24) http://josephus.org/
25) http://www.gutenberg.org/files/2848/2848-h/2848-h.htm
26) quoted in http://coldcasechristianity.com/2014/is-there-any-evidence-for-jesus-outside-the-bible/
27) http://www.livius.org/person/tacitus/
28) ibid
29) Lives of the Caesars, 26.2

30) b. Sanhedrin 43a; see also t. Shabbat 11.15; b. Shabbat 104b
http://freepages.religions.rootsweb.ancestry.com/~jimmylewis/ Pilates%20Report.html

31) http://freepages.religions.rootsweb.ancestry.com/~jimmylewis/ Pilates%20Report.html

32) The documentary was directed by the Jewish archeologist Simcha Jacobovici, the former host of the cable TV show, Naked Archaeologist. http://abcnews.go.com/International/jesus-tomb-controversy-rages-archeologists-explore-2000-year/ story?id=16111993

33) https://tibettalk.wordpress.com/2007/09/01/ the-lost-years-of-jesus-in-tibet/

34) https://en.wikipedia.org/wiki/Jesus_in_Islam

35) http://www.desiringgod.org/articles/what-is-the-doctrine-of-the-trinity

36) https://en.wikipedia.org/wiki/Prosperity_theology

37) ESV

38) http://www.merriam-webster.com/dictionary/faith

39) https://www.christiantoday.co.kr/news/334831
22일(현지시각) 미국 크리스천포스트(CP)에 따르면, 네덜란드 연구 단체 GAMAAM이 최근 20세 이상 이란 성인 5만 여명을 대상으로 설문조사를 실시한 결과, 8천만 명 이상의 이란 인구 중 기독교인의 수가 100만 명을 넘어서는 등 성장세를 보였다.

BIBLICAL MYSTERY